Buenos vecinos

Buenos vecinos

COMUNICANDOSE CON LOS MEXICANOS

JOHN C. CONDON

traducción del inglés:
CARMEN DENEVE

INTERCULTURAL PRESS INC.

Para mayor información:
Intercultural Press, Inc.
P.O. Box 700
Yarmouth, ME 04096

Producción: Patty J. Topel

D.R. © 1994 by Intercultural Press, Inc.

Biblioteca del Congreso
Tarjeta de Catálogo Número 94-076003
ISBN 1-877864-22-6

Impreso en los Estados Unidos de América.

Las ilustraciones en la entrada de cada capítulo representan, consecutivamente, los primeros catorce meses de los dieciocho meses del calendario Maya. La ilustración en la cubierta y la página titular es de alfarería mexicana contemporánea y representa el símbolo de la República Mexicana.

Contenidos

Prólogo

Si usted está planeando hacer algo con los mexicanos, ya sea en el plan de turista, persona de negocios, estudiante, maestro o en cualquier otro papel—ya fuese en los Estados Unidos o en México—usted ha escogido el libro apropiado para guiarlo.

Como mexicano y profesional en el campo de comunicación humana, yo he encontrado que este libro expresa muy claramente lo que por mucho tiempo yo he tratado de explicar a mis amistades de los EE.UU. y a mis alumnos. Presenta un compendio y ejemplifica las diferencias culturales y ofrece avenidas para promover un diálogo exitoso.

La comunicación es una actividad en la que nos hemos involucrado desde que nacemos y consecuentemente la damos por un hecho, [tomándola a la ligera]. Si sabemos el idioma de un país, hay la tendencia a creer que no tendremos problemas para comunicarnos y que en realidad vamos a poder conocer a la gente de tal país. Desafortunadamente, hay mucho más en la comunicación que simplemente el idioma o la lengua.

Este libro trata de la comunicación. El lector encontrará consideraciones con el idioma, las normas, valores, percepciones, códigos no verbales y otras cuestiones que le capacitarán para adaptarse y aprender la cultura mexicana.

Las personas de México y de EE.UU. se han estado comunicando por mucho tiempo. Sin embargo, esta comunicación ha estado caracterizada por fracasos en la mayoría de los casos. Este libro se ha necesitado desde hace mucho tiempo y finalmente se publica en un momento en la historia cuando las relaciones México-Estados Unidos deben mejorarse para efectos del comercio, la amistad y posiblemente para la subsistencia.

El viajero norteamericano típico que visita México puede leer una guía turística, un manual, un libro de historia, y quizás un tratado antropológico o sociológico. Sin embargo no es sino hasta ahora, que el viajero norteamericano ha encontrado un libro práctico acerca de la comunicación. Y, la comunicación es aquéllo que hacemos más cuando nos relacionamos con otras personas. La manera como vemos a la gente, la forma de vestirnos, el estilo de saludarnos, la manera en que manejamos nuestros negocios, todo esto tiene diferente significado para las personas que pertenecen a diferentes culturas.

Es sumamente interesante notar que este libro no es sólo una colección de recetas, pero más bien es una pieza global e intelectual, que al ser práctica satisface al lector en busca de consejos para comunicarse con más éxito;

mientras que al mismo tiempo, provee al lector que tiene motivos más eruditos con un marco conceptual para entender y explicar la comunicación de México-EE.UU. Este libro puede demostrar no solamente ser útil para los individuos norteamericanos pero también para los mexicanos que estén interesados en establecer un diálogo cultural con los americanos de EE.UU. Ofrece una descripción de las percepciones norteamericanas sobre México y la introspección acerca del carácter norteamericano de los Estados Unidos. Después de todo, la comunicación cultural requiere por lo menos a dos individuos, y ambos necesitan estar conscientes de los factores que afectarán su comunicación.

Fortuitamente, con contribuciones como es este libro, la cercanía física puede ir acompañada de la cercanía sicológica a la misma vez.

FELIPE KORZENNY

Prefacio

Los norteamericanos necesitan una guía básica y práctica sobre como entender y comunicarse exitosamente con los mexicanos. Ellos deben entender el *proceso* de las interacciones que traspasan las culturas, si es que van a manejar cada día la variedad de situaciones nuevas para las cuales los detalles específicos de "Lo que hay que hacer" y de "Lo que *no* hay que hacer" pueden ser una mala idea o simplemente no estén disponibles.

Un estudio de *interacción cultural* como lo es este mismo prueba, explica y predice lo que sucede cuando los individuos que han crecido en culturas contrastantes se encuentran, comen, bromean, alegan, negocían y cooperan uno con el otro. Tal estudio clarifica lo que cada persona debe hacer para poder convertirse en un competidor hábil o en un colega y amigo de confianza.

Este volumen, por lo tanto, y los demás volúmenes en las *Series InterAct* explican como las personas de una cultura ven a aquéllas en otra cultura, lo que esperan una de la otra exactamente y como se afectan mutuamente cuando están juntas, así como lo que una de ellas hace o dice que avergüenza, frustra, motiva, impresiona o enoja a la otra. Hemos escogido analizar las relaciones México-EE.UU. en este volumen debido a la importancia especial de México para los Estados Unidos y porque los norteamericanos muy seguido malinterpretan seriamente a los mexicanos. Tuvimos la suerte y fortuna de que Jack Condon estuviera dispuesto a preparar este estudio.

Jack no es solamente uno de los especialistas interculturales con más perspicacia en el área, él además está agudamente consciente de las dificultades y oportunidades que experimentan los estadounidenses y mexicanos en sus relaciones sociales y de negocio. Algo de su trabajo más efectivo ha sido con empresas internacionales que preparan a su personal americano y a sus familias para posiciones en otros países y con el personal extranjero que asume responsabilidades en los EE.UU. Afortunadamente, Jack es también un escritor extraordinario, que ha completado una docena de libros sobre comunicación, incluyendo uno, *An Introduction to Intercultural Communication*, que se ha convertido en el libro de texto patrón en el área de comunicación.

La experiencia de Jack en México empieza en 1956 cuando entró a la Universidad de las Américas. El regresó a México unos cuantos años después para conseguir su investigación de doctorado, y más tarde otra vez en 1974 para enseñar y hacer más estudios. Su apreciación sobre México y su gente fue la razón para otra visita significativa: su luna de miel. Con más de quince años de experiencia

en el extranjero, en América Latina, Africa y Asia, Jack
todavía considera que las relaciones EE.UU.-México son
primarias. Jack y su esposa, Camy, así como sus dos hijos
viven ahora en Albuquerque, Nuevo México.

Felipe Korzenny consintió entusiasmadamente cuando
le invitamos a escribir el prólogo de este libro. Felipe es un
ciudadano de México y un profesor en la Universidad del
Estado en San Francisco, donde él enseña cursos de
graduado y de carrera en comunicaciones interculturales.
El trabaja frecuentemente como consultor para el gobierno
de México y como consultor para la Agencia de EE.UU.
para el Desarrollo Internacional en México y en un número
de otros países de América Latina. En estos países y entre
hispanoamericanos en los EE.UU., Felipe ha dirigido
estudios de comunicación en varias áreas, incluyendo una
área en la cual él tiene un interés especial y es experto: el
efecto de los medios de comunicación en el cambio social.

Estamos seguros de que los lectores de este libro, si
consideran cuidadosamente las explicaciones y siguen las
sugerencias del mismo, se deleitarán más extensamente
en su asociación con los mexicanos y podrán trabajar más
productivamente con ellos.

GEORGE W. RENWICK
Editor, *InterAct* Series

Introducción

"Pobre México," se lamentaba el último presidente prerevolucionario de la nación, Porfirio Díaz, "tan lejos de Dios y tan cerca de los Estados Unidos". Mientras que la cercanía en realidad de México con Dios puede ser un asunto de algún debate, nadie puede alegar que en casi todas las formas, México nunca ha estado más cerca de su vecino al norte. Las mil quinientas millas fronterizas que recorren el continente se ven cruzadas en ambas direcciones por más individuos que ninguna otra frontera internacional en el mundo entero. El tráfico que se dirije al sur cada año incluye a millones de turistas. El turismo es una importante fuente de ingresos para México y el ochenta por ciento de los turistas viene de los Estados Unidos. Y hacia el norte vienen los mexicanos: más de dos millones entran a los Estados Unidos cada año con visas mientras que se estima que más de otro millón cruza en las sombras, sin papeles ni protección legal.

Conforme nos acercamos al año 2,000 las dos naciones han entrado en un "mercado común" norteamericano, una zona de libre comercio, que junto con Canadá comprenderá el mercado más grande en el mundo. México trae a este mercado cerca de 90 millones de personas, tres cuartos del tamaño del Japón. El impacto a largo plazo está todavía por verse pero no hay duda que tendrá un efecto profundo en las relaciones económicas y sociales de todos.

La ciudad capital de México es ahora la ciudad más poblada del mundo con todas sus riquezas y problemas que tal distinción amerita. Para fines de esta década, se estima que la Ciudad de México será el hogar de 32 millones de personas, un número particularmente sobrio para este escritor que conoció la ciudad en los años 50s, cuando la población de toda la República Mexicana era solamente de 32 millones. Guadalajara es la segunda ciudad más grande de la nación, pero cuando uno considera también a las personas de descendencia mexicana, entonces Los Angeles, California, no quedaría muy atrás. Nótese que dentro de esta década, también la población Hispana de los EE.UU. que incluye por supuesto a los Puertorriqueños, Cubanos y a otros Centro y Sud Americanos, sobrepasará a la población negra. Y más aún, de todos los hispanos en los EE.UU. dos terceras partes pueden encontrar sus raíces en México.

Las "exportaciones culturales" —incluyendo la música, espectáculos de televisión, comidas— están claramente más prominentes hoy en día que en tiempos anteriores. En los EE.UU. hay más de cien accesos de televisión en el idioma español; la T.V. por cable transmite programas estadounidenses a aquéllos que cuentan con dinero y el deseo de verlos en México. Las cadenas de comida rápida que ofrecen tacos o burritos ahora salpican el paisaje en los Estados Unidos así como los distribuidores de hamburguesas, panqueques (en México: *"hotcakes"*) y del pollo frito han surgido en el sur. Pero a pesar de toda la presencia burguesa de cosas mexicanas en los EE.UU. todavía existe un desequilibrio. Los estudios muestran que el periódico diario promedio en la Ciudad de México contiene un porcentaje más alto de noticias acerca de los EE.UU. que lo que contiene la edición promedio del *New York Times* con respecto a noticias del resto del mundo combinadas.

Aún más importante es la evidencia de que a pesar del entrelazamiento de población, cultura y destino, hay todavía un gran abismo en el entendimiento entre ambos países. Para muchas personas en los Estados Unidos, la imagen del mexicano ha sido esa de *bracero,* del campesino migrante, o del personaje caricaturesco, de la Banana Chiquita (los anuncios televisados del plátano en los 60's) o del Bandido de Fritos (los anuncios televisados de los 70's). Las viejas imágenes negativas todavían están perceptibles como en los refranes publicitarios tales como el de "Taco Bell" que dice "Haga su carrera a la frontera". (Esa misma cadena de comida rápida, como muchas otras franquicias norteamericanas, ahora ha entrado al mercado mexicano). Los productos de los EE.UU. incluyendo los de los medios masivos, aceleraron sus números y su atractivo entre los mexicanos, especialmente entre los jóvenes mexicanos. El tratado de comercio sin duda solamente aumentará esto todavía más. Y ahí permanece la desconfianza de muchos mexicanos por el poder yanqui, económico y político, a pesar de que la presencia de los EE.UU. en México sea paralela al impacto mexicano en los Estados Unidos. Algunos observadores creen que las clases de contactos superficiales que tienen muchos mexicanos y estadounidenses en realidad han aumentado más que disminuido la posibilidad de serios desequilibrios con base cultural en sus relaciones.

Relativamente pocos estadounidenses han tenido contacto directo con el ejecutivo mexicano, el doctor, el profesor o el ingeniero. Para muchos mexicanos, el estereotípico americano se pone a horcajadas en el Río Grande con unos ojos de avaro y bolsas de dinero en cada mano. Algunos observadores creen que la clase de contacto artificial que tienen los mexicanos y los estadounidenses en realidad ha acrecentado más que aminorado la posibilidad de serios rompimientos de relaciones en bases meramente culturales.

El Presidente John F. Kennedy proclamó durante sus altamente triunfantes visitas a México en 1962 que "La geografía nos ha hecho vecinos, la tradición nos ha hecho amigos". Fue un pensamiento optimístico y de bienvenida, pero la investigación de este autor en esa época mostró que la mayoría de los mexicanos sentían que lo más conciso era decir "La geografía nos ha acercado, las tradiciones nos han separado". Ahora más de tres décadas después, no parecemos estar nada cerca.

La amistad es un botón de flor frágil, que se nutre más por necesidad que por conocimiento. Se ha hecho muy poco para animar a los americanos y a los mexicanos para encararse con los hechos de que en un sinnúmero de formas críticas, sus perspectivas del mundo difieren radicalmente y que son estas diferencias las que levantan importantes barreras para la comunicación efectiva y para las relaciones de trabajo mutuamente satisfactorias. Cada uno asume que lo que él sabe acerca del otro es suficiente. Pero no lo es así. Se necesita más y más. Este libro está diseñado para aquéllos que reconocen la necesidad y están deseosos de poner sus mentes en ello. Tal esfuerzo será triplemente premiado: al estar mejor preparado para apreciar las realidades encontradas en México y manejarlas con mayor éxito; al evitar algunos de los tontos errores que surgen de la candidez cultural; y al ser capaces de transmitir una actitud de respeto e interés o incumbencia que a veces puede llegar a ser la diferencia entre el éxito o el fracaso en la comunicación a través de las culturas.

JOHN CONDON

1

El Papel de la Historia

Es irónico que muchas personas en los Estados Unidos piensen que México es la "tierra *del mañana*" cuando, como le puede decir cualquier escritor de publicidad, es al norte de la frontera donde la palabra mágica es "mañana". Nuestros compases mentales apuntan a un futuro justo sobre el horizonte desde donde se colocan todas nuestras otras direcciones.

Tanto como el futuro nos lleva hacia adelante, el pasado impulsa al pensamiento mexicano y a su acción. No es decir que el futuro en México se ignora: lejos de eso. Todo en México, los problemas que hay que encarar y el potencial que se puede lograr, pide una planeación basada en proyecciones: la hinchazón de la población, los efectos debilitantes de la contaminación ambiental, el crecimiento económico y el papel político en el hemisferio y mucho más — todas estas cosas son parte de un mañana que se comenta en todos los periódicos y revistas en el país. Pero al menos así de frecuentes son los ensayos y los editoriales que miran hacia atrás, a la historia, para dirección y guía. Un ejecutivo de EE.UU. con casi 25 años de experiencia fuera y dentro de México, lo presenta de esta manera:

"Como muchos estadounidenses de mis días, yo vine a México impresionado con su arte moderno, su arquitectura futurística y su promesa. Siempre vi a México como la tierra del futuro y realmente la historia no me interesaba. Francamente yo pensaba que los libros de historia eran para los turistas quienes tenían miedo de salir a mirar el México verdadero. Después llegué a darme cuenta que yo era el turista romántico. Para entender a México y a los Estados Unidos en realidad me percaté de que tenía que ver con más cuidado hacia el pasado. Cuando le doy consejo a los americanos que vienen acá para hacer negocios, yo les digo que estudien la historia. Empiecen con ella y terminen con ella. Además del idioma mismo, yo no sé de ninguna otra cosa que le prepare mejor y lo haga más "respetable" en los ojos de sus compañeros (mexicanos). Si alguién me hubiera dicho esto a mí hace 25 años, yo hubiese sonreido y continuado leyendo el *Wall Street Journal*. Lo cual, es de hecho, justamente lo que la mayoría de los mexicanos esperan que nosotros hagamos".

Es cierto que una comparación de las historias llega muy alto al explicar las diferencias en puntos de vista y comportamientos de personas en ambos lados de la frontera. Usualmente nosotros recorremos nuestra historia desde una fecha específica—1607 con la fundación de Jamestown ó 1620 y los Pioneros en Plymouth. Pensamos acerca de los Estados Unidos como una clase de empresa con "padres fundadores" y que la organización fue diseñada para seguir ciertos principios.

También nosotros vemos nuestra historia moviéndose en una línea recta desde una fecha particular en la historia. Las fechas que desde niños aprendimos en la escuela son casi siempre fechas de batallas ganadas, territorios anexados a la unión, o algún otro logro positivo. Como si fuese en una película de velocidad avanzada, visualizamos nuestro país expandiéndose hacia el oeste: el tiempo y el espacio se conjugan en una progresión firme. Se ganó el oeste, decimos; damos muy poca importancia a que algo se perdió. Nos suena simplemente correcto, muy americano en sí, hablar de "la formación de América". La "toma" de América no es parte de nuestra ciencia y saber.

Cuando los ingleses arribaron, las personas que ya vivían en el continente eran cazadores, pastores, pescadores. Ellos no habían erejido grandes ciudades o monumentos que rivalizaran de manera alguna con Europa y sus culturas mantenían poco interés para los colonizadores a no ser porque estos se podían desplazar y se cultivaba la tierra. El indio norteamericano ha permanecido excluído de la formación de la cultura dominante de la nueva nación así como ha sido excluído de la misma tierra. Conforme la nación tomó forma, la visión fue hacia el futuro, para una tierra nueva y hospitable, para nuevas oportunidades. Un espíritu de optimismo animó este movimiento.

La tierra que se convirtió en los Estados Unidos fue, en su mayor parte, rica y por mucha de la corta historia de la nación, parecía interminable. Por to tanto, como decía el mito nacional, cualquiera podía lograr su camino en este mundo. Había oportunidades para todos: ¿no fue ésta la razón por la cual muchos dejaron sus terruños para establecerse aquí? La tierra de la promesa, lo era, y lo único que pedía era que se trabajase fuertemente o se movilizara hacia el oeste para agrandar las fronteras.

La historia mexicana fue diferente. La tierra había sido poblada durante siglos por tribus guerreras que llegaban a cientos (aún ahora hay cerca de 150 lenguas diferentes que todavía se hablan en México); no había una "frontera". En la mayoría de la tribus, ciertamente en las tribus dominantes tales como las de los primeros Mayas y la última floreciente de los Aztecas, las líneas de clase eran rígidas como si hubieran sido labradas en piedra, justificadas y mantenidas en un estado teocrático.

La tierra misma no se acomodaba propiamente. Los volcanes arriba, los temblores abajo, solo una pequeña porción a nivel. Aún ahora no más de una quinta parte de la tierra es cultivable. Aquí había una tierra que nutría fatalismo. Queda ahora para millones de *campesinos* una expectativa de realidad en el sentido de que el futuro no se salvará mejor por la gracia del patrón de uno, o en las ciudades de hoy, por un golpe de suerte como al ganar o sacarse la lotería.

Unos siglos antes de que Cortés arribara en México, las civilizaciones, sin rival por cualquier cosa conocida en Europa en esa época, habían florecido, declinado, desaparecido. Lo que pasó a algunas de ellas es todavía un misterio hoy en día, aún cuando el gobierno mexicano gasta más dinero de su presupuesto que cualquier otro país en investigación antropológica para descubrir su pasado. ¿Por qué, por ejemplo, el Imperio Maya tan sofisticado llegó a un repentino fin? ¿Fue acaso por enfermedad, guerra, revolución? Esto sucedió siglos antes de que América fuera "descubierta".

La sociedad que Cortés encontró en 1519 era en realidad un nuevo poder que en un corto tiempo había subyugado a las tribus rivales e impuesto un estado teocrático severo.

La sociedad Azteca fue una sociedad de castas, con poderes políticos compartidos por los jefes religiosos y militares. En muchos aspectos se asemeja a los genios de España en la primera mitad del Siglo dieciséis. En menos de dos años, Cortés y sus soldados habían completado la Conquista, eventualmente extendiendo el dominio de España al sur dentro de América Central y tan distante hacia el norte como Alaska. (Lo que nosotros en los EE.UU. generalmente llamamos el "sudoeste" está nombrado exactamente en términos de la geografía de los Estados Unidos. Pero en términos de sus conexiones históricas y culturales por más de 500 años, el "sudoeste" podría mejor llamarse el "noroeste").

España reinó en México por los siguientes tres siglos. Cómo fue que una pequeña banda de soldados europeos pudieron convertirse en los *conquistadores* de tan vasto y poderoso imperio en tan poco tiempo no puede ser explicado en estas páginas, pero hay aquéllos que encuentran en su respuesta significados contemporáneos. Algunos dicen que se debió grandemente a la clase de fatalismo que se puede discernir en México a la fecha, en canciones, en chistes, en celebraciones tales como el Día de los Muertos. Algunos dicen que tuvo que ver con la concepción del tiempo como algo cíclico, lo cual, aunque no únicamente mexicano, es bastante diferente de la línea progresiva de tiempo que se concibe en los EE.UU. Todos están de acuerdo que para los Aztecas entonces, como para los mexicanos de hoy, lo natural y lo supernatural no estaban separados. En México, todos los eventos son "actos de Dios" no solamente los que en los EE.UU. son de tanta casualidad que las compañías de seguro los excluyen de su protección.

Los españoles que vinieron a México eran de todas partes de España y de todas las clases, antecedentes, regiones y religiones. Los Judíos Sefarditas del sur de España, huyendo las conversiones forzadas al catolicismo así como la inquisición inminente fueron una parte substancial de la temprana presencia española en México. Se ha estimado que para el año 1545 un cuarto de los españoles en la Ciudad de México eran judíos, y que para los años 1600 quizás la mitad de la población de la Ciudad de México era judía.

Hubo también una presencia Africana, con cálculos de más de 300 moros negros que acompañaban a Cortés en la conquista. Habían pasado escasos 25 años desde que los españoles habían sacado de España a los últimos de los líderes moros cuya influencia árabe fue estampada en tantas cosas que hemos llegado a pensarlas como españolas: los azulejos de cerámica, los arcos, el trabajo de hierro forjado, y hasta las actitudes acerca de las relaciones apropiadas entre hombres y mujeres. Muchas personas en los EE.UU. se sorprenden al descubrir tantas similitudes entre México y el mundo de habla árabe del Medio Oriente.

No es nada extraño, entonces, que exista en México hoy en día y haya existido por muchos años un serio anhelo a la pregunta "¿Quién es el mexicano?" La búsqueda para las respuestas ha entrado en varias direcciones, de regreso al nacimiento traumático de hace 500 años que produjó *la raza,* "la raza cósmica" y la glorificación de la Cultura Latina. Conforme esa investigación continúa no debemos perder de vista el papel que el norteamericano juega en los intentos del mexicano para entenderse a sí mismo.

En los años venideros también podríamos encontrar que a los mexicanos se les unirán muchos otros, incluyendo a sus vecinos del norte, buscando la respuesta a la pregunta "¿Quién es el mexicano?" Los americanos apenas están ahora descubriendo la vasta y profunda cultura que es México.

Al Llevar Cuenta el Uno del Otro

Las imágenes que los norteamericanos y los mexicanos tienen uno del otro y también de sí mismos, empezaron históricamente a tomar forma no tanto en las colonias españolas y británicas del "nuevo mundo" pero más bien en Inglaterra y Europa. España e Inglaterra fueron, por supuesto, rivales. Si ambas tenían metas comunes de controlar los mares y expander sus imperios, se diferenciaban en la lengua, religión y otras características culturales. La desconfianza mutua y el sentimiento anti-Hispano entre los Ingleses, que empezó aún antes de la época de la conquista del nuevo mundo, se convirtió lentamente en la leyenda negra.

La Leyenda Negra

El mito de la leyenda negra ilustraba para la mayoría de los estadounidenses la superioridad de su colonización comparada con aquélla de los españoles. Los colonizadores ingleses (aprendimos desde niños en los EE.UU.) no tenían temor del pesado trabajo físico, mientras que los españoles, ya fuesen soldados o aristócratas, desdeñaban la labor manual. En los EE.UU. con frecuencia hacemos distinción al comparar a los Pioneros de Plymouth valientes amantes de la libertad con los flojos, aristocráticos colonizadores de Jamestown.

Esta distinción entre los humildes y fuertes trabajadores de los pobladores ingleses que escaparon el reino inglés y los nobles soldados españoles y aristócratas que conquistaron e impusieron el Catolicismo entre los indios mexicanos, se convirtió en una importante parte de la leyenda negra. Se enfatizaron las diferencias religiosas entre el Protestantismo y el Catolicismo y un desborde de odios y rumores acerca de la crueldad de los españoles, la Inquisición y la codicia del oro, así como otros "hechos" y opiniones que se repitieron de generación en generación tanto en historias como en libros. El impacto de la leyenda negra se convirtió en algo tan fuerte en Europa como en el Nuevo Mundo.

En América Latina, aún entre aquéllos que han sido grandes críticos de la conquista española, se ha desarrollado un mito opuesto, el cual dice que la raza Latinoamericana ("raza" interpretada en su definición cultural) es superior a aquélla que existe en Norte América. "La Raza" es superior, aún más, debido a los mismos elementos que fueron tan brutalmente condenados en la "leyenda negra" o sea las contribuciones de los españoles con los indígenas del Nuevo Mundo, de lo cual nació el mestizo. No es la

Inquisición lo que se ensalza y contrasta con la historia de los colonizadores anglosajones, pero la fe viva de los misioneros Católicos y la vida humanística y espiritual que ellos promovieron. El escritor mexicano ganador del Premio Nobel, Octavio Paz, dice:

La Iglesia uso la llave del bautismo para abrir las puertas de la sociedad, convirtiéndola en un orden universal al alcance de todos.... esta posibilad de pertenecer a un orden viviente, aún cuando se estuviera en la parte más baja de la pirámide social fue cruelmente negada a los indígenas por los Protestantes de la Nueva Inglaterra. A menudo se olvida que pertenecer a la fe Católica significa que uno ha encontrado un lugar en el cosmos. La búsqueda de sus dioses y la muerte de sus líderes habían dejado a los originarios de esa tierra en una soledad tan completa que es difícil para un hombre moderno imaginarla. El Catolicismo restableció sus vínculos y uniones con este mundo y con el otro mundo.[1]

En las expresiones seculares del espíritu, también, los latinoamericanos sienten que ellos superan a sus vecinos los anglosajones del norte. El arte, la literatura y la música se ponen en contraste con el comercio, el dinero y las máquinas que se cree los de EE.UU. valoran. Estos contrastes se expresan en varias formas, incluyendo mucho del simbolismo de Diego Rivera y otros muralistas mexicanos, y lo que desde entonces se incorporó a muchos murales Chicanos en este país.

---

[1] Octavio Paz. The Labyrinth of Solitude: Life and Thought in Mexico. (N.Y.:Grove Press, 1961). 26

Si las "leyendas negras" se han diluido hasta cierto punto a través de los siglos, hay nuevos cuentos y rumores que les han seguido. Debemos prestar atención a algunos de estos estereotipos porque siempre existe la posibilidad de que estos afectarán las actitudes y los comportamientos. Ciertas palabras o acciones parecen confirmar las peores sospechas de aquéllos inclinados a la sospecha.

En realidad, una imagen similar poco atractiva de los estadounidenses se describió hace dos generaciones en un estudio de imágenes que los estudiantes mexicanos tenían antes de asistir a las universidades en los Estados Unidos. Esta imagen no ha desaparecido al correr de los años.

Antes de su llegada (los mexicanos) creían que los Estados Unidos eran ricos y altamente mecanizados; que existía un estándar de vida alto, grandes ciudades, edificios altos y un precipitado tráfico. Quizás aún más que la mayoría de los latinoamericanos o que los asiáticos, los estudiantes mexicanos consideraban que los Estados Unidos tenían una sociedad materialista con poca consideración para los valores humanísticos, para la música, el arte, la literatura, o en realidad para cualquier sentido del verdadero significado de la vida. Aunque un estudiante podía enterarse de las excepciones, predominantemente él creía que un ciudadano de los Estados Unidos se preocupaba solamente por ganar dinero y objetos materiales. Se les creía como gente torpe, faltos en maneras, sin vida familiar, con hijos indisciplinados y teniendo el divorcio como lo más común y corriente. Que los hombres estadounidenses no aman a sus esposas, sentían así los mexicanos, porque les dejan hacer todo lo que a ellas les place. La libertad de las mujeres y las chicas se consideraba como significado de inmoralidad sexual. Para el católico mexicano, los Estados Unidos es un país protestante poblado por seguidores de ideas religiosas que al mexicano se le ha inculcado aborrecerlas. Pero aún éstas, el norteamericano no las pone verdaderamente en práctica y entonces se cree que los Estados Unidos es un país irreligioso.[2]

Los investigadores creían que estas opiniones, poco favorecedoras como lo fuesen, eran más positivas que aquéllas que mantenía el mexicano promedio. Al continuar sus estudios en los Estados Unidos, los estudiantes mexicanos parecen romper muchos de sus estereotipos; sin embargo:

El estudiante mexicano permanecía convencido, casi sin excepción, de la superioridad de las metas de la vida mexicana con su énfasis en los valores espirituales y humanísticos. Además, él quedaba o se convertía en un nacionalista mexicano aún más confirmado.

Los mexicanos dirán que el pasado es pasado—el arroz ya se coció. Pero los mexicanos recuerdan que en el siglo pasado las tropas de los Estados Unidos marcharon todo el camino al centro de la Ciudad de México y sacaron como tributo un territorio que incluía Texas, Nuevo México, Arizona y California. Hay un monumento prominente a la entrada del Parque de Chapultepec, donde se dice que los niños héroes se envolvieron en la bandera mexicana y saltaron desde el Castillo de Chapultepec para morir antes

---

[2]Ralph L. Beals y Norman D. Humphrey. No Frontier to Learning: The Mexican Student in the United States. (Minneapolis: University of Minnesota Press, 1957). 50.

que rendirse a los estadounidenses. En Estados Unidos se canta acerca de este sitio en la palabras iniciales del Himno de la Marina, aunque pocos posiblemente le dan importancia a esos vestíbulos de Moctezuma "Halls of Montezuma".[3] Las tropas americanas atacaron la frontera otra vez en el Siglo XX, dirigidas por el General Pershing ardiente en persecución de Pancho Villa. Muchos mexicanos creen que su Buen Vecino al norte no está renuente a echar todo su peso encima cuando él quiere algo. Hay sospechas de que el interés propio es la motivación primordial en las buenas relaciones con México, ya sea que se trate del temor a Fidel Castro desde hace más de treinta años o el aún más reciente anhelo por el libre comercio.

Mientras que alguien puede alegar que todo esto tiene que ver más con la política que con los negocios, para los mexicanos estos asuntos parecen mucho más cercanamente relacionados que lo que pueden parecerles a algunos de EE.UU. Un aspecto muy importante del movimiento Revolucionario que destituyó al dictador Díaz y lanzó el moderno estado mexicano fue el anti-extranjerismo. Particularmente se dirigieron fuertes sentimientos en contra de los hombres de negocios de EE.UU., quienes fueron los más visibles de la riqueza e influencia empresarial. Nosotros en los Estados Unidos no tenemos experiencia alguna en nuestra historia que se asemeje o sea comparable a la mexicana de ninguna manera.

---

[3]En realidad el nombre es "Moctezuma" con una 'c' y no con una 'n'. Hay que culpar a los españoles por este error y no a los "marines" de los EE.UU., pero el visitante sensitivo querrá pronunciar el nombre del líder Azteca correctamente.

Visión de la Raza Cósmica

La unidad espiritual de toda la América Latina es *la raza*. No se trata de la raza del mestizo, por sí mismo, la cual se exalta en el mito de la raza, pero a menudo es la idealización mística de la cultura Latina. Desde la Revolución de 1910, el tema de la raza ha ayudado a la unificación de México al traer al indígena a la corriente común de la cultura. El lema de la Universidad Nacional Autónoma de México (UNAM) es "Por mi raza hablará el espíritu". Esta visión no es únicamente mexicana. Muchos la ven como una continuación de las ideas de Bolívar y otros héroes panamericanos quienes perciben a la América española como una sola entidad. Un filósofo mexicano dijo "Con los siglos, el americano va a convertirse en la suma y síntesis de la humanidad, espiritual así como físicamente."

El Perfil Sicológico del Mexicano

Tan importante como puede ser la idea de la raza cósmica para entender la visión que mantienen muchos mexicanos, es importante mirar la otra imagen: la fragmentación y la desesperación. En casi todo libro o artículo que trata sobre la búsqueda de la identidad del mexicano—y no hay ninguna escasez de tales exploraciones—se encuentra el tema del hijo criado de la violenta unión del padre español que abandonó a su vástago y regresó a Europa y de la madre indígena violada y todavía sufriendo. A pocos intérpretes contemporáneos del comportamiento mexicano les falta relacionar sus opiniones con aquéllas de Samuel Ramos en su libro *Perfil de Hombre y la Cultura en México*, escrita en 1934 e influenciada por las teorías sicológicas de Adler en esa época. Ramos propuso la idea de un "complejo de inferioridad nacional" como una característica del "carácter nacional" mexicano.

En su influyente trabajo, Ramos vio al mexicano como a un chico ante el padre autoritario. Ramos compara el México de la preconquista con Egipto, diciendo que para cada cultura, el tiempo produce poco o ningún cambio. La repentina ruptura de esta tranquilidad, fiera como lo fue, derribando dioses y antepasados, produjo una desmoralización característica del individuo mexicano de ahora. Aún cuando hay algún desacuerdo en la inmutabilidad del período de la preconquista, el hecho es que la conquista destruyó completamente la sociedad tradicional y sus creencias. De acuerdo a Ramos, el mexicano en relación al conquistador español fue un pequeño niño ante un padre estricto. Aún más, forzado a imitar las maneras del nuevo amo, sin entenderlas por completo, el mexicano permaneció como tipo niño. Ramos vio el proceso de imitación, primero de España, después de Francia, y luego—y si aún viviera, Ramos sin duda diría "todavía"—de los Estados Unidos, como una defensa para el mexicano en contra de sus sentimientos de inferioridad.

También en el arte, Ramos vio poca originalidad como resultado de la historia de México. Ramos alegó que el indígena de hoy día no es un artista pero más bien un artesano que produce sus trabajos usando una habilidad aprendida por tradición. La Revolución de alguna manera ha liberado a los artistas así como liberó a todos los mexicanos de la adherencia a la imitación y a la subyugación mental o política de las ideas extranjeras. Los artistas mexicanos contemporáneos todavía se quejan de la "cortina de cactus" en el arte. Los sarapes, la alfarería, y los artefactos misceláneos que deleitan al turista tienen en su concepción cientos de años.

En su casa también, la tésis de Ramos se lanza diciendo, el mexicano es un chico frente al padre autoritario. Como los antepasados españoles, el padre inmediato demanda y exige que sus hijos lo obedezcan y lo amen, con poca muestra de esto en reciprocidad. Como el español antes que él, el padre puede abandonar a sus hijos cuando le parezca. Si no los abandona por completo, rara vez aparece entre ellos, y aún en estas ocasiones, Ramos comentaba, puede regresar a casa ebrio o enojado. Esta descripción dura hecha por Ramos tiene un eco en muchas más producciones fílmicas mexicanas contemporáneas, dramas de televisión y fotonovelas en las cuales las relaciones emocionales más conmovedoras usualmente son entre la madre eternamente sufrida y sus hijos. Las cualidades que Ramos identifica quedan ejemplificadas en el *pelado* mexicano. El *pelado* es, literalmente, "el aventado, el desplumado", el que se encuentra al fondo del orden social, aquél que no teniendo a nadie más que dominar logra su autoridad con su esposa e hijos. Quizás la más popular de las caracterizaciones de una variedad del pelado sería la que frecuentemente presenta Cantinflas, el cómico adorado de México y comediante conocido mundialmente. Cantinflas (un nombre que sugiere un bar—cantina-flas) ha sido brillante en usar el subterfugio y doble sentido para salir adelante en un mundo difícil. El ha sido el pelado de un caracter marginado, más atractivo en su existencia picaresca que en su agresividad verbal en la que abundan las connotaciones sexuales.

Un prominente sicólogo mexicano contemporáneo, Rogelio Díaz-Guerrero, que ha escrito extensamente sobre el carácter mexicano, también ve en el pelado la forma "purista" de este tipo mexicano y lo valora por su rechazo de la moralidad clase mediera. Sus alegatos y explotaciones sexuales no son el resultado de ninguna animosidad general en contra de la humanidad, de acuerdo a Ramos, pero más bien las busca para satisfacer su propio ego. En un mundo en el cual de otra manera él está impotente, la virilidad es su salvación. (vea la Sección #5—El Sexo, Los Roles...)

¿Es acaso paradójico que la visión de la raza cósmica deba aparecer en una cultura que se describe como la que sufre de un complejo de inferioridad nacional? No es así. El idealismo es una reacción a una historia de derrotas y frustraciones. Díaz-Guerrero ofrece una interpretación sicológica del "síndrome de IFD": *idealización* -fantasías exageradas de riqueza, poder y machismo - llevan inevitablemente a la *frustración* que en consecuencia acarrea la *desmoralización*.

A través de cualquier interpretación, la mezcla de altos ideales y algunas veces la bravura de fanfarrones (véase la sección sobre machismo) ayuda a dar al mexicano una calidad que es muy diferente de otros latinoamericanos. Como las mezclas que se encuentran en la comida mexicana—un mole de chiles y chocolate, por ejemplo—la combinación de picante y dulce es sorpresiva y deliciosa.

Al Vivir con los Muertos

A menudo se dice que no se puede entender la vida mexicana sin comprender la visión del mexicano sobre la muerte. En un ensayo famoso, Octavio Paz contrasta las actitudes al norte y al sur de la frontera:

La palabra muerte no se pronuncia en Nueva York... porque quema los labios. El mexicano, en contraste,

se siente cómodo con la muerte, bromea acerca de
ella, la acaricia, duerme con ella, la celebra; es uno
de sus juguetes predilectos y su amante más
constante.[4]

Compare dos días festivos que comparten un pasado
religioso común y coinciden en el calendario, *"Halloween"*
en los Estados Unidos y el Día de los Muertos en México.
En los Estados Unidos hay fantasmas y esqueletos que se
aparecen ese día, pero son en su mayoría simbólicos, como
el color naranja y negro que lo identifican como "Halloween". O se aparece en disfraces usados por niños que van
de puerta en puerta en busca de lo que el día
verdaderamente significa para ellos, una oportunidad de
acumular tesoros de dulces.

En México, el Día de los Muertos, es una época para
comulgar con los muertos. Se preparan panes especiales,
calaveras de dulce y se confeccionan féretros muchos
personalizados con los nombres de los que participarían.
Se cantan canciones, en las calles se reparten anuncios o
"calaveras" impresas en papel en las cuales la muerte baila
con los ricos y poderosos, el Papa y el Presidente no son
menos que la gente común y corriente. En muchas casas
se colocan comidas para los muertos y los cementerios
toman un aire festivo.

Igualmente sorpresivo para muchos en los EE.UU. son
las imágenes de Cristo en las iglesias mexicanas, tan real y
detalladas son las expresiones de agonía; estos no son
meramente símbolos. El visitante puede sorprenderse
también al ver en una de esas elaboradas escenas del
pesebre de Navidad o nacimiento, la presencia de un diablo

---

[4]Octavio Paz. The Labyrinth of Solitude: Life and Thought in Mexico. (N.Y.:
Grove Press, 1961), 57.

o dos, justo como imágenes de esqueletos sonrientes que aparecen en todas las formas de arte folklórico. Los periódicos mexicanos que dan cuenta de los accidentes de tráfico traumatizan al forastero no preparado para estos detalles vívidos. Y también se tiene la corrida de toros. Como dice otro escritor mexicano:

Para el mexicano.... la muerte es un amigo íntimo. Nuestra gente vive con la muerte; la sientan, literalmente, a la mesa y la invitan a compartir la cama. Empezando con la niñez, el mexicano encuentra a la muerte en miles de formas diferentes, imágenes y contornos.... Uno juega con la muerte, se le hace blanco de todas las bromas, se anima por un espíritu de camaradería, como si el exótico personaje fuese un conocido viejo amigo del mexicano.[5]

---

[5]Emilio Uranga, :The Mexican Idea of Death", the Texas Quarterly, (Spring, 1959), 53-54.

3

Las Variedades de Individualismo al Norte y al Sur

La historia de las relaciones entre los Estados Unidos y México no ha sido una de entendimiento y cooperación, aunque existen razones para esperar que las cosas continuen mejorándose conforme las personas en ambos lados de la frontera trabajen hacia esos fines. El papel del ciudadano privado en los negocios de día en día y en las actividades profesionales es crucial. Los mexicanos y los de EE.UU. que trabajan juntos se sienten confundidos algunas veces, irritados, desconfiados, aún en las mejores condiciones y con las mejores de las intenciones. Las causas se originan no en las deficiencias de cada cultura pero más bien en su interacción. Las diferencias en valores y estilos de comportamiento son lo que los estadounidenses deben ver para poder explicar los conflictos y encontrar maneras de establecer relaciones de trabajo efectivas y productivas. La importancia del individuo parece ser al principio un valor fundamental compartido por estadounidenses y mexicanos. Si las personas de cada cultura fueran a proceder bajo tales entendimientos, sin embargo, su conversación pronto se vería deteriorada en un alegato con cada persona por su lado convencida de que su cultura es la real y verdadera que valora al individuo mientras que la sociedad de la otra no lo hace patentemente. Eventualmente se torna aparente que lo que los estadounidenses quieren decir y lo que los mexicanos quieren decir cuando hablan acerca de la importancia del individuo no son la misma cosa para nada.

El Individualismo al Estilo Estadounidense

En el sistema de valores de EE.UU. hay tres ideas concebidas centrales e interrelacionadas acerca de los seres humanos. Estas son (1) que las personas, aparte de las influencias sociales y educacionales, son básicamente iguales; (2) que cada persona debe ser juzgada por sus propios méritos individuales; y (3) que estos "méritos" incluyen el honor de una persona y su carácter que se revelan a través de las acciones de la persona. Los valores de igualdad e independencia, derechos constitucionales, leyes y programas sociales surgen de estas presunciones. En vista de que las acciones de una persona se consideran tan importantes, es la comparación de sus logros —El Señor Johnson se compara con el padre del Señor Johnson, o Johnson de hace cinco años se compara con el Johnson de ahora, o Johnson se compara con Jones o Smith —lo que provee los medios principales de juzgar o hasta conocer a una persona.

El "Espíritu Interno" del Mexicano

En México es la singularidad del individuo lo que se valora, una calidad que se asume reside dentro de cada persona y la cual no es necesariamente evidente a través de la acciones o logros. Está más cercana a nuestra noción del "alma" que a la del "carácter". Esa calidad interna que representa la dignidad de cada persona debe ser protegida a todo costo; cualquier acción o comentario que pueda interpretarse como un desaire a la dignidad de la persona es para considerarse como una provocación seria. Todavía más, en vista de que el mexicano en general se considera a sí mismo primero que nada como parte de su familia y sólo secundariamente como un miembro de su profesión, comercio u organización, un menosprecio a cualquier otro miembro de su familia será tan provocativo como un directo insulto.

Este contraste, que se expresa a veces como la distinción entre "indivualismo" en el caso de los estadounidenses y como "individualidad" en el caso de los mexicanos, lleva frecuentemente a malos entendidos en encuentros interculturales ya sea en pláticas vanas o en discusiones filosóficas.

Cuando el mexicano se refiere a las cualidades internas de la persona en términos de su alma o espíritu, los estadounidenses parecen sentirse incómodos usando tales palabras en referencia a la gente. Tendemos a considerar tal tipo de conversación como vaga o sentimental, las palabras parecen describir algo invisible y por lo tanto desconocido, o por lo menos "muy íntimo y personal". Para muchos estadounidenses tal plática puede ser aceptable en un contexto algo religioso, pero eso también puede verse como un asunto privado. En nuestra experiencia, muy poco nos han preparado para expresar esa clase de sentimientos abiertamente; en vez de esto podemos quizás expresar nuestra incomodidad o atentar cambiar el tema hacia algo que nos agrade más. Esta renuencia a hablar acerca de las calidades internas del individuo puede comunicar a los mexicanos que los estadounidenses son, como se sospecha, insensitivos y no están realmente interesados en el individuo.

La igualdad es un valor (aún cuando no se lleve a la práctica) que requiere de los estadounidenses una gran cantidad de conformidad positiva a los principios o reglas sociales. Creemos que es tanto sabio como normal tratar de obedecer las leyes y poner como ejemplo el juego limpio. Se dice que el "juego limpio" está entre las expresiones más difíciles de traducirse completamente en otros idiomas por todo lo que en sí evoca, basándose en su historia inglesa. (Esto se satiriza en el viejo chiste acerca de los dos cazadores ingleses quienes junto con sus esposas estaban en el bosque cazando: uno de ellos vio un movimiento en los arbustos y disparó, al momento, el otro inglés exclamó: " ¡Santo Dios! hombre, usted casi mata a mi esposa." A lo cual el primero le respondió: "Lo siento en el alma, aquí, por favor échele usted un tiro a la mía." Hasta donde yo sé, este es un chiste estadounidense que juega con la idea del estereotipo del inglés que se pasa o exagera en "asuntos de justicia" pero que también es gracioso porque el estadounidense reconoce algo de su propia cultura en esto. También los mexicanos y otros latinos hacen a los estadounidenses el blanco de los chistes por su aparente atención excesiva a "lo justo" que detrae de asuntos más urgentes o significativos. Nosotros confiamos en las reglas y nos gustaría confiar en que los demás obedecen esas reglas para que así todos tengamos las mismas oportunidades y obligaciones. Un amigo mexicano indicaba una vez que él se sorprendió cuando descubrió que en los Estados Unidos un chofer se pararía en una luz roja tarde en la noche cuando no había nada de tráfico en las calles. "Yo pensaba que ustedes se habían rendido o entregado a sus máquinas. Ahora yo veo que a ustedes en realidad los gobiernan ciertos principios abstractos". El añadió que, en su opinión, "Ningún mexicano se pararía así—¡no un mexicano de verdad!" Este es "justo" un ejemplo.

El ideal de ser justo en los Estados Unidos trasciende al deseo de ser "leal" o de "ganar" a cualquier costo. Cualquier relato objetivo de la historia de los EE.UU. indicaría que tal no ha sido la práctica, y en cualquier manera se ofrecen muchos dichos que se contradicen unos a otros, como: "no se trata de perder o ganar, se trata de saber cómo jugar el juego;" y Vince Lombardi dice: "ganar no lo es todo, es la única cosa".

Muchos mexicanos reciben los mensajes contradictorios—que a veces hay imparcialidad, a menudo codificada en las leyes, lo cual excede al comportamiento comparable en México pero otras veces el prejuicio o un simple egoísmo contradice a los ideales.

Como veremos en otra parte, los mexicanos, mucho más seguido que sus contrapartes estadounidenses, pueden ignorar algunos principios abstractos en favor de una persona realmente verdadera. Por eso es que un chofer de taxi mexicano puede pararse a recoger a un amigo que ve caminando por la calle, aún cuando lleva un pasajero en el asiento de atrás que le ha pagado por el viaje, o los choferes de camiones pueden involucrarse de pronto en una carrera por la avenida o bulevar, aún cuando sus pasajeros les vayan gritando que desean bajarse en su parada.

Pueden surgir tensiones entre mexicanos y estadounidenses acerca de lo que parece ser un conflicto entre poner la confianza en individuos particulares o ponerla en principios abstractos. En una empresa de negocios, el gerente norteamericano podría ver la organización y sus procesos como primarios, con el papel de personas específicas siendo más o menos de apoyo a tal sistema. La gente puede ser reemplazada si hay necesidad; nadie es indispensable. Cuando uno pone énfasis en el espíritu de la persona o ve a la organización como si fuera una familia, entonces, parece tan claro que nadie puede ser exactamente reemplazado por otra persona. Esto no es decir que una organización mexicana es una gran familia feliz. Hay celos, rivalidades y mezquindad—en ocasiones desagradables—competencias que un gerente esta-dounidense pronto cae en cuenta. Pero el sentimiento de ser parte de una compañía, el significado de las relaciones con otros, y las expectativas acerca de como se debe tratar uno al otro son diferentes de aquéllas en comparación a una organización al norte de la frontera.

Una situación en la cual la diferencia es a veces aparente es cuando dos personas compiten para una promoción. Un gerente americano con experiencia en ambos países lo expone de esta manera:

En México, Ricardo y Roberto pueden competir en términos más personales pero usualmente no abiertamente. Es menos factible que ellos se consideren a sí mismos como competidores en sus habilidades para ayudar a la empresa a que simplemente piensen en sus habilidades como tales, porque cada uno de ellos se considera a sí mismo como la mejor persona.

Algunos ven esta dramatización de la habilidad per-sonal, incluyendo el poder, la influencia y el orgullo, como la parte masculina mexicana mostrando su machismo; otros lo describirían como una demostración del liderazgo (Véase también el Capítulo Cinco). Es en realidad ambas porque las dos se intercalan tanto. En una pelea de boxeo, el árbitro dice "Qué el mejor hombre sea el vencedor". Para los americanos esto significa que será justo si la persona que es la mejor en el boxeo gane el juego. En México, yo creo, la gente realmente quiere que el mejor hombre gane".

Con Respecto al Respeto

Tanto los estadounidenses como los mexicanos pueden hablar de la necesidad de "respetar" a otra persona, pero aquí también el significado de la palabra "respeto" difiere de cierta manera a través de las culturas. En un estudio de asociaciones con esta palabra que se llevó a cabo en ambos países, se encontró que los americanos consideraban "respeto" como algo atado a los valores de igualdad, juego limpio y espíritu democrático. No existían implicaciones emocionales. Uno respeta a otros de la misma manera que uno puede respetar la ley.

Para los mexicanos, sin embargo, "respeto" tenía una carga emocionalmente más fuerte, involucrando asuntos de poder, posibles amenazas y seguido relaciones de amor-odio. El significado de "respeto" en México surge de las relaciones humanas poderosas, tales como las que hay entre padre e hijo, o *patrón* y *peón*. En casos como estos es como si fuese el destino o las circunstancias fuera del control de uno que determinan la relación en primer lugar y ambas partes reconocen que son desiguales en su poder e influencia. Puede haber sentimientos de culpa de que se pidió mucho o muy poco se dió; o resentimiento de que no se ofreció suficiente o que muy poquito se solicitó y

aún eso se dió con renuencia. De cualquier manera, en
México el asunto de "respeto" parece ser más personal y
más un asunto circunstancial, mientras que para los estadounidenses el "respeto" es más bien un asunto de
principios a los cuales los individuos se entregan a sí mismos
voluntariamente.

Por lo tanto un gerente mexicano puede inspirar respeto
por virtud de su posición o puesto, edad o influencia; el
gerente norteamericano lo más probable desea ganarse el
respeto por medio de sus logros o de sus relaciones de una
particular mentalidad justa con sus subordinados. Así es
que los gerentes estadounidenses en México a veces tratan
de demostrar algo que sus empleados mexicanos ya han
asumido, mientras que al mismo tiempo asumen mucho
de aquéllo que sus empleados todavía necesitan ver
demostrado. Un gerente de ventas mexicano de una firma
de los EE.UU. recuerda a un Vicepresidente estadounidense que, dice él, "trataba de 'ganarse' nuestro
respeto mostrando que trabajaba mucho para la compañía
mientras que mantenía un interés superficial por el resto
de nosotros. El tenía las cosas al revés. Por supuesto que lo
respetabamos —él era el Vicepresidente. Pero eso era nada
más.

Es irónico que para que el gerente estadounidense tenga
efectividad en México, él o ella (probablemente sea "él")
necesita sacarle más jugo a lo que lo asocia a su propio
país: confiar en su personal para que así les inspire la
confianza. Esto no significa hacerse "cuate-cuate" de todos.
Lo que sí significa es algo aún más demandante para
muchos estadounidenses—decir adiós al "tiempo personal"
y a la "privacia" como una marca de respeto. Esta parte de
la "confianza" es casi idéntica con lo que uno encontraría
en culturas tan diferentes como la del Japón, donde las
lealtades personales cuentan tantísimo. Eso es también lo

que hace que algunos de una tradición Anglosajona se pongan nerviosos—los peligros que el abuso de lealtades, da beneficios a algunos que no se lo merecen mientras que priva a otros de tales beneficios. Ciertamente en México, este peligro es bien conocido. Pero la ausencia de por lo menos algo de ese espíritu de lealtad no es nada atractiva.

4

La Importancia Suprema de la Familia

El valor de individualismo requiere una reevaluación correspondiente de la familia. Mientras que la familia es una parte muy apreciable en el estilo de vida estadounidense, lo que se interpreta como "la familia" y sus relaciones hacia el individuo es muy diferente de lo que uno encuentra en México—o, en verdad, en casi todo el resto del mundo. Para los estadounidenses, la "familia" usualmente significa padres e hijos y preferiblemente no muchos de los últimos. La familia proporciona una clase de nido que al joven adulto se le anima a abandonar alrededor de los veinte años. Esto ayuda a la independencia no solamente del chico pero también de los padres. Los padres deben mantener a sus hijos hasta cierto punto, pero se espera que los hijos salgan adelante solos.

La familia en México incluye típicamente a muchos más parientes y particularmente muchos más hermanos y hermanas que permanecen en contacto cercano. Mientras que puede haber diferencias muy grandes, la lealtad de uno al otro y hacia la familia es muy fuerte. A la gente joven no se les anima a irse de la casa cuando ellos están en sus tempranos veinte años. Mientras que al norte de la frontera la independencia de un chico o chica es muy seguido un crédito para sus padres, la independencia comparable en México puede ser vista como indicación de alguna desavenencia en la familia.

Tales diferencias en el significado de la familia en las dos culturas influencía como la gente usa su idioma. La amistad en los EE.UU., por ejemplo, se expresa usualmente en términos individualísticos: "amigos", "aliados", "vecinos" y otros. Entre algunos Africo Americanos y algunos grupos blancos sureños, los términos de familia como son "hermano", "hermana" o "primo" se usaran para describir sentimientos de cercanía entre amigos. También en México, se escucha "Jefecito" para el papá—o "jefecita" para la mamá; Para describir a los amigos más cercanos se dice "hermanos" (o "hermanas") del alma". Al norte de la frontera, el uso extenso de "hermano" o "hermana" para alguien que no está emparentado ha sido parte de la expresión idiomática principalmente entre Africo Americanos por más de tres décadas. La influencia negra en el habla y los valores de los "Anglo" Americanos han afectado el habla de algunos feministas. Por esto, una mujer estadounidense puede sentirse más cómoda al ser llamada "hermana" que un hombre al ser llamado "hermano". O si cada uno aprecia la inclusión que tal palabra sugiere, el hombre estadounidense se sentirá mejor al usar el término de familia. Sin embargo, las mujeres estadounidenses que usan libremente el término "hermana" pueden no siempre actuar en la forma o manera que las mexicanas esperan de alguien que usa tales palabras íntimas. Esto puede causar confusión, desilusión y alienación para la hermana mexicana. Por lo tanto, cuando la gente del norte y sur de la frontera hablan de relaciones íntimas, el norteamericano usará lo más probable una palabra como "socio", la cual refleja una cooperación voluntaria de los individuos, mientras que el mexicano puede usar una palabra como "hermano" o "hermana" que reflejan una unión perdurable que va más allá del control de cualquier individuo.

Con un Poco de Ayuda de Mis Familiares

El hacer preguntas acerca de la familia de una persona a la cual no conocemos bien puede causar cierta incomodidad para el estadounidense. Al norte de la frontera uno puede escuchar, "Yo simplemente no conozco lo suficientemente bien a la persona como para preguntarle por su familia". El mexicano, por otra parte, puede sentir lo contrario. "Si no pregunto acerca de la familia de esta persona, ¿cómo le voy a conocer en realidad?"

La familia forma una parte menos importante del marco de referencia del individuo en los EE. UU. de lo que usualmente es el caso en México. Los vecinos, amigos o asociados, aún algún abstracto "americano promedio" puede ser la base para la comparación necesitada al evaluarse a uno mismo o a otros. "Estar a la altura de los Jones" puede ser importante en Nueva York o Chicago, pero estar a la altura de su propio cuñado es más importante en la Ciudad de México. De la misma manera, el mexicano depende de sus familiares o amigos cercanos para ayudar a "arreglar las cosas" si hubiese un problema o para proveer un préstamo. Mientras que esto no es de ninguna manera raro en los Estados Unidos, los valores dominantes de la cultura favorecen una respuesta institucional, la cual se ve tanto eficiente como justa.

Las Conexiones y Las Corporaciones

Las familias se extienden más allá de las líneas consanguíneas por medio de la institución del *compadrazgo*, relaciones del padrino. Muy seguido, ser un padrino o madrina es mucho más que un honor; es un medio por el cual se convierte uno en parte de una vasta red de relaciones a través de las cuales se pueden buscar y otorgar consejos, préstamos o favores. En México uno puede fácilmente escuchar acerca de las "conexiones" de una persona o la "influencia" que es frecuentemente por medio del sistema familiar.

A este respecto, los mexicanos muestran no solamente más lealtad e identificación hacia el grupo (si es una organización familiar) de lo que hacen los norteamericanos, ellos todavía sobrepasan al japonés en cuanto a lealtad al grupo.[1]

Hablar de conexiones en México es usualmente en términos de la persona en la cima de la organización, ya sea en negocios o en el gobierno. Se dice que el líder de una organización en México debe aparentar no ser tan diferente de un padre en la familia tradicional mexicana: firme, estricto, retraído pero no completamente lejano. Uno que reclame tener conexiones, por lo tanto, alude a medios especiales y personales de alcanzar a una persona de la cual otros quedan excluidos.

---

[1]Gert Hofstede, Culture's Consequences. (Beverly Hills: Sage Publications, 1980), p. 158.

La credibilidad de la persona que habla ha sido
reconocida por dos mil años como el factor que más
influencia tiene en la persuación. En México la credibilidad
queda demostrada por la posición o puesto y las
"conexiones", aún más que en los EE.UU., donde el
"historial de carrera" de logros personales de cada uno
tiende a demandar atención.

Los estadounidenses también, por supuesto, algunas
veces hablan de conexiones (aunque sea solamente al
"mencionar un nombre") como un medio para obtener
una ventaja especial fuera del sistema que creemos no debe
promover esa clase de influencias. Los estadounidenses se
pueden encontrar a sí mismos, en consecuencia, ya sea
impresionados y un tanto molestos por tal conversación.
En México esto se toma seriamente porque muy seguido
es a través de estos canales no oficiales que se hacen las
cosas.

Aquí, entonces, hay otra fuente potencial de conflicto
entre los mexicanos y los estadounidenses que trabajan en
México. Cuando se necesite escoger entre las obligaciones
de familia (o usar una red de conexiones relacionadas con
la familia) y obedecer alguna regla o principio abstracto,
los mexicanos parecerán sentirse empujados hacia lo
primero, los estadounidenses hacia lo segundo.

Aún las grandes corporaciones mexicanas (la sociedad
anónima o sea S.A.) pueden ya bien estar controladas por
un grupo familiar, pequeño o grande, de paso con algunos
amigos cercanos. No es para nada poco común en la Ciudad
de México que una familia controle una variedad de
empresas. Estos "negocios de familia" pueden estar
completamente desconectados en el tipo de actividades o
estructura financiera. Pueden también estar manejados por
ejecutivos de alto nivel quienes no están ni siquiera
relacionados con la familia.

Los estadounidenses quedan algunas veces sorprendidos por el fracaso que sufre una organización al tomar ciertas medidas para rendir al máximo sus ganancias o para razonar la planeación a largo plazo. Bien seguido las razones estriban en los intereses y las tradiciones de la familia en control. Uno debe tener cuidado de no presionar a un hombre de influencias sobre asuntos de negocios si uno sospecha que el hombre tiene presiones de la familia. Y aún más, están sucediéndose cambios dramáticos en los negocios mexicanos así como en el resto de la sociedad. Los cambios, también son respuestas a los EE.UU. Los efectos acumulativos del contacto con los vecinos del norte que parecen acelerar y expander exponencialmente le dan a muchos mexicanos una familiaridad con los EE.UU. y una auto suficiencia en tratos con los estadounidenses que ya es bastante aparente. Un hombre de negocios mexicano, orgulloso de su herencia, de la posición de su familia, de su educación en México y posiblemente también en los EE.UU. o en Europa, de su bilingüismo, de su erudición, si así se quiere, es una persona que se toma muy en serio. Muchos mexicanos se sienten superiores a sus contrapartes estadounidenses en educación, sofisticación cultural y en sus habilidades sociales, y lo prueban así día con día.

5

El Sexo, los "Roles" y la Sexualidad

Las últimas décadas han visto esfuerzos impresionantes para levantar la consciencia de los hombres y mujeres en los Estados Unidos con respecto a las actitudes sexistas como se revelaban en el habla, en la publicidad y en las prácticas de contratación o empleo. Incrementándose en la ropa y la moda, en pasatiempos y carreras, la línea entre lo que es aconsejable para el hombre y para la mujer se ha hecho nublada. Si la gente ahora todavía no está "liberada" de las viejas actitudes y valores, están por lo menos conscientes de que los cambios están llevándose a cabo. Donde y cuando se encuentra el sexismo discriminatorio en los negocios, la cuestión puede ser llevada a corte en un pleito.

Los Mundos Separados de los Hombres y las Mujeres

Por estas razones, muchos estadounidenses encuentran que las creencias y los valores mexicanos con respecto a los papeles sexuales (y el papel del sexo) se han hecho son más difíciles para ajustarse a ellos después de los años de 1980 de lo que podía haberse encontrado hace justo una generación.

El gerente estadounidense puede ser bofeteado por las contra corrientes al tratar de ajustarse a los valores y comportamientos mexicanos, mientras que todavía permanece sincero a las políticas de la oficina matriz. Estas, en turno, pueden quedar apoyadas, por lo menos de alguna manera, por las creencias personales y la ley. El gerente puede ser sensitivo a la cuestión de discriminación en base al sexo, pero la "charla sexista" abierta más allá de lo que fuese incómodo en el hogar, podrá entonces pasar sin ninguna censura.

Como en las culturas más tradicionales, el comportamiento de los hombres y las mujeres se distingue claramente y hay una fuerte presión social para mantener estas distinciones. Las mujeres deben actuar como mujeres y hacer el trabajo de mujeres y los hombres deben actuar como hombres. Esto significa, entre otras cosas, que al hombre estadounidense en México que le gusta cocinar o coser el punto de cruz debe refrenarse de anunciar esos intereses, mientras que las mujeres estadounidenses deben tener cuidado de no aparecer abiertamente agresivas en la compañía de un hombre.

El Machismo

Sin lugar a dudas el aspecto de los papeles sexuales masculinos que provoca la mayor incomodidad entre los estadounidenses, particularmente entre las mujeres, es el *machismo*. El "macho" es una de esas palabras que ha cruzado la frontera hacia el vocabulario en inglés, aunque ha perdido algo en el camino. Hace una generación, hubo una canción popular en los Estados Unidos con el refrán "¡Quiero ser un hombre macho!" Es difícil imaginarse a un mexicano cantando estas palabras, sin embargo, ya que uno que solamente *querría* ser macho ¡no cantaría acerca de eso! Ahora la palabra "macho" ha entrado al vocabulario inglés y hasta en los diccionarios aparece como una palabra legítima en el inglés americano. De cualquier manera, el *machismo* se revela menos en las palabras que en otras maneras, tradicionalmente a través de tales medios como llevar pistolas o tener amantes. Algunos también atribuyen al *machismo* la popularidad de los bigotes en México, aunque otros piensan que la moda se desarrolló ya que los mexicanos querían demostrar que ellos, en una sociedad consciente de razas y de clases sociales, no eran indios. En realidad, la expresión de ser macho está muy identificada con la parte no indígena de la cultura. Algunos culparán— o darán el crédito—a la influencia árabe o de los moros en España con su contribuyente machismo junto con tantas otras cosas que conocemos como mexicanas. El *machismo* puede también ser demostrado a través de ciertas expresiones de nacionalismo y entrega religiosa. El catolicismo en México está visto como más viril que el "Protestantismo seco" asociado con el *Yanqui* o el Judaísmo.

Lo que los norteamericanos encuentran odioso en el machismo mexicano es usualmente las miradas sexuales atrevidas o los comentarios que los hombres dirijen hacia la mujeres (también observados por otros hombres) en público. Hay también críticos del machismo entre los mexicanos; los yucatecos declaran que no hay machismo en su parte del país, una prueba más de su superioridad

Maya. El culto a la hombría, sin embargo, no se concierne simplemente con el sexo pero más ampliamente con la autoridad. El machismo es solamente una de las manifestaciones del autoritarianismo, una orientación con la cual los americanos pudiesen sentirse aún más incómodos en parte porque la gente está especialmente sensible al "sexismo" (o por lo menos a la apariencia de ser "sexista"—una consideración tanto legal como social) por razones que son idóneas al compromiso histórico de ser "justos".

El respeto en una figura de autoridad en México, es aparente de acuerdo a Díaz Guerrero, cuando:

1. el individuo actua efectivamente en el area del sexo o cuando él habla o presume convincentemente de sus muchos éxitos como un seductor;

2. él afirma convincentemente o demuestra que no tiene miedo de la muerte;

3. y cuando se distingue a sí mismo en el reino del intelecto, incluyendo la filosofía y la ciencia.

La tercera característica aparece como una sorpresa. Nosotros en los EE.UU. tendemos a considerar los logros intelectuales como lo más opuesto a la masculinidad. En México, sin embargo, así como pasa en todo Latinoamérica, no hay tal separación. Los hombres poco sentimentales o realistas orgullosamente citarán líneas de poesía que ellos escribieron o refleccionan sobre los antecedentes de la filosofía contemporánea. Aún así es todavía la aguda mezcla de sexualidad y una disposición de firmes creencias junto con variedades de patriotismo y religiosidad la que nosotros asociamos más con el machismo.

El estadounidense en México necesita no adoptar cualquiera de los símbolos más atrevidos del machismo pero él debe percatarse de los estilos de liderazgo que puede demandar el machismo. Un científico en ciencias sociales mexicano lo explica de esta manera: "El padre en México desea que su hijo sea macho, pero no tanto como él mismo. A nivel nacional, el Presidente, el Macho Máximo, desea que su gente sea fuerte, pero no tan poderosa como lo es él". En relaciones entre los estadounidenses y los mexicanos, un gerente estadounidense debe aparecer fuerte y competente o sus subordinados mexicanos no lo respetarán. Sin embargo, él no debe actuar de manera arrogante como para aparecer superior a los mexicanos. Al intentar esto, cualquiera que asuma un "papel paternal" debe estar consciente aún más de que indicar a alguien en México que "Yo soy tu padre" puede tomarse como un insulto grave, implicando no solamente superioridad hacia esa persona pero también la violación de la madre de esa persona.

Un gerente expatriado que había vivido en México solamente unos cuantos meses y a quien le gustaba vivir allí, decía: "Si sólo el *machismo* pudiese eliminarse, muchos de los problemas de México podrían desaparecer". Un amigo mexicano estuvo de acuerdo y hasta añadió: "Y también mucho de lo que es mexicano también desaparecería".

La Mujer Mexicana

Las mujeres mexicanas por lo menos las de la clase económica media y clase alta le dan atención considerable a su apariencia personal. La preocupación sobre la ropa, el maquillaje y el estilo del peinado impresiona a muchos estadounidenses como excesivo. Por otro lado, las mujeres estadounidenses, como se perciben por muchos mexicanos, parecen faltar de feminidad a menudo. Desde el punto de vista mexicano, si se es muy independiente, la moral de la mujer puede dudarse también. Una mujer casada que parezca muy independiente, ya sea en mobilidad o en expresar sus opiniones que no estén de acuerdo con su esposo en su presencia, puede poner en tela de duda el *machismo* de su esposo.

La madre en México mantiene un lugar muy especial. Se les aconseja a los estadounidenses recién llegados a México que vayan a películas mexicanas o vean las telenovelas en la televisión mexicana para obtener un sentido más claro de la importancia de la madre. Ella depende de sus hijos para que la cuiden en su vejez, y es parte del machismo del hijo hacer esto y defender el honor de ella en todo lugar. Cualquier implicación de un insulto a la madre de uno es una provocación seria. Y hasta la palabra "madre" en ciertos contextos puede ser provocativa. Los estadounidenses deben tener cuidado en usar esta palabra; la alternativa "mamá" es a menudo más segura.

Los estadounidenses parecen sentir que los hombres mexicanos exageran su devoción a la madre y fallan para demostrarles suficiente respeto a sus esposas; los mexicanos parecen considerar a los estadounidenses de la manera opuesta.

Ha habido una gran variedad de cambios en las actitudes mexicanas en cuanto a las relaciones entre los sexos y hacia los papeles apropiados de cada sexo. Por supuesto, los cambios en las areas urbanas son más pronunciados que en el México rural o en los pequeños pueblitos. La Conferencia Anual de las Mujeres Internacionales de la ONU en 1975 se llevó a cabo en la Ciudad de México, lo cual muchos han considerado como un evento de importancia simbólica para la nación hospitalaria. Esfuerzos mayores en el area de planeación familiar se han llevado a cabo para reducir la tasa de crecimiento de población debilitante y para que en el proceso se alteren algunas de las actitudes tradicionales, ya que se considera que tener muchos niños es una prueba importante de la virilidad del hombre y tiene el resultado adicional de requerir que la madre permanezca en su papel doméstico tradicional.

Una faceta de las relaciones, que ha cambiando considerablemente pero que todavía requiere cuidado por la parte de un recién llegado, data a los tiempos de la conquista española y, probablemente, antes de eso a la influencia de los moros sobre los españoles. Esta es la sospecha de una casi inevitable atracción sexual entre un hombre y una mujer cuando ellos están juntos solos.

Una manera de manejar esta expectativa ha sido asegurarse de que siempre haya una tercera parte, una hermana o tía, típicamente, que estará presente cuando un novio y novia estén juntos. Aún cuando la costumbre del "chaperón" ha declinado en las grandes ciudades en los años recientes, no ha desaparecido por completo. Todavía más, si un hombre visita la casa de una ama de casa cuando el marido de ella no está, o una pareja que no está casada se encuentra sola en cualquier otra circunstancia, en México puede levantarse una sospecha mucho más que en los Estados Unidos.

Hay significados que deben leerse en situaciones y circunstancias que pueden aprenderse si uno va a evitar malos entendidos y más aún experiencias desagradables. Un jefe que invita a su secretaria para tomar la copa despúes del trabajo pueda o no tener motivos ulteriores en cualquier país. Sin embargo, la creencia de que ésta fue una overtura romántica será mucho más común en la Ciudad de México que en Nueva York o en Los Angeles.

Un ejecutivo americano apuntó, "Cuando yo iba a una

escuela primaria católica en Baltimore, los sacerdotes acostumbraban decirnos siempre que no sólo debíamos evitar el escándalo, sino que debíamos evitar la apariencia del escándalo. Nosotros acostumbrabamos decir que lo que hacíamos no era asunto de nadie más, y, que de cualquier manera, no podíamos evitar lo que los otros pensaran. Su consejo, sin embargo, es bastante apropiado aquí en México. El "escándalo" puede ser una palabra muy fuerte, pero las apariencias parecen ser mucho más importantes en México que en los Estados Unidos".

6

En México Las Diferencias Hacen una Diferencia

Una vieja distinción entre un optimista y un pesimista cuenta que cuando ellos ven un vaso parcialmente lleno de agua, el optimista lo ve casi lleno, mientras que el pesimista lo ve casi vacío. De manera similar, las culturas varian en como se anima a las gentes a ver la edad de una persona, el sexo, el papel que juegan y la posición. La cultura estadounidense nos alienta a menospreciar tales factores, aunque no siempre lo hagamos así.

Para los mexicanos, tales diferencias son muy importantes. En un grado mayor que en los Estados Unidos, los factores como son la edad o el rango o el sexo, guían las acciones de la persona hacia los demás. Mientras que que los estadounidenses resienten a una persona que "jale el rango" (usar la posición social en su beneficio propio) o que insista en sus hábitos debido a su edad, en México tal comportamiento no es necesariamente represible.

Por lo tanto en nuestras actitudes distintas acerca del tratamiento de diferencias entre la gente, podíamos atravesar por situaciones muy delicadas. Los estadounidenses pueden igualar la atención a tales asuntos con prejuicio y discriminación, o con cualquiera de los populares "ismos" acerca de los cuales nos hemos vuelto super conscientes.

Nostros en los EE.UU. hemos aprendido a sentirnos incómodos cuando a las diferencias del tipo antes mencionadas se les da atención especial en la comunicación. Amenaza nuestra fe en la igualdad. En verdad, para parafrasear a George Orwell, desearíamos que algunas personas actuaran más como iguales que otras—los niños a someterse a sus padres, los dependientes a servir a sus clientes y no de la otra manera, y que los empleados no mostrasen insubordinación. Y sin embargo aún en estas relaciones, las maneras de comunicarse de los estadounidenses, en la superficie por lo menos, pueden parecer mucho más egalitarias que lo que se encuentra en la mayor parte del mundo. En los recientes años hemos aprendido que muchas viejas distinciones—la raza, el sexo, la edad, el estado marital—se convierten facilmente en la base del comportamiento discriminatorio y por lo tanto elimina ciertas clasificaciones personales de las formas de solicitud de trabajo. Hemos acuñado la palabra "Ms." (Seño) para co-igualarse con "Mr." (Señor) y hemos pasado leyes y creado políticas en las compañías que expresan este mismo principio.

En México, las diferencias en la edad, el sexo, los papeles y otras tales convenciones se consideran muy importantes. En los ojos de Dios, todas las gentes son iguales pero un hombre es un hombre, una mujer es una mujer; los hijos y los padres no se intercambian, ni a un patrón puede vérsele como a una clase especial de peón. Tal descripción para los estadounidenses puede sonar anticuada por lo menos; lo peor es que suena sospechosamente prejudicial. En un medida considerable estas diferencias que llaman la atención en la comunicación interpersonal en México tienen su contrapartida en la estructura del poder mexicano. México es una sociedad muy jerárquica, en los patrones familiares, en las órdenes seculares y en las religiones sagradas, en la política, y en los negocios. Esta aceptación de la estratificación, en la opinión de muchos eruditos en la materia, data de antes de la llegada de los españoles. En un estudio reciente, el grado en el cual personas de 39 sociedades aceptaron esta clase de estructura de poder, México alcanzó el segundo lugar. Por esto las expectativas así como el comportamiento de gente en los EE.UU. y en México parece ser bastante diferente.[1]

Cuando los estadounidenses en México tratan de minimizar ciertas clases de diferencias en sus relaciones, puede ser que hagan dos clases de errores. Uno es que actuan en maneras que parecen ignorar las diferencias entre ellos y las personas en papeles subordinados, tales como una sirvienta o un jardinero. Los estadounidenses para quienes México representa su primera asignación o puesto fuera del país pudiesen no haber tenido tal ayuda previamente. Es decir es más nuestros valores que la falta de experiencia lo que lleva a algunos recién llegados a México a invitar a la sirvienta a cenar con la familia. Tales expresiones de valores egalitarios pueden parecer inconsistentes con otras cosas que hacemos y decimos y

---

[1] Gert Hofstede, Culture's Consequences (Beverly Hills: Sage Publications, 1980), p. 158.

están definitivamente inconsistentes con el comportamiento que los mexicanos esperan de nosotros. Similarmente en el trabajo, un gerente de los Estados Unidos puede encontrar difícil entender como los empleados pueden preferir trabajar para un jefe tirano que es condescendiente con sus empleados más que para uno que parece compartir una buena cantidad de responsabilidad al tomar decisiones. Al estadounidense en México se le aconseja que primero se dé cuenta de sus propios valores culturales y de los sentimientos que se inspiran antes de intentar imponerlos sobre otros y correr el riesgo de sentirse frustrado al final.

La segunda clase de error es probablemente más fácil de evitarse. Este es el fracaso de alabar suficientemente a algunas personas cuya edad o rango o papel demandan atención especial en México. El dueño de un taller de reparación de automóviles puede considerar como *maestro* a un mecánico que es mayor de edad y con más experiencia, aunque todavía sea su empleado. Los doctores, abogados e ingenieros, por supuesto, cada uno tienen sus propios títulos los cuales toman mucho más seriamente y esperan que otros los tomen así también. El tomarlos a la ligera es retar la dignidad de la persona.

7

La Verdad y Nada Más Que....

Durante el congreso mundial llevado a cabo en México para el Año de la Mujer Internacional, algunos visitantes por primera vez experimentaron la clase de problemas acerca de los cuales muchos americanos se han venido quejando en México. A los visitantes se les decía una cosa, solamente para descubrir que lo que les habían dicho parecía no tener ninguna semejanza a los hechos. Una delegada que podía preguntar donde se llevaba a cabo una reunión, podía recibir indicaciones claras, pero al llegar al destino no encontraría tal reunión. "No era que los mexicanos eran poco amistosos o no deseaban ayudar—¡sólo estaban equivocados! Los gerentes estadounidenses que trabajan con mexicanos han expresado quejas similares algunas veces; un empleado dice que algo está terminado cuando de hecho ni siquiera ha sido empezado todavía. Díaz Guerrero ofrece una explicación. Hay dos clases de "realidades" que deben distinguirse, la objetiva y la interpersonal. Algunas culturas tienden a tratar todo en términos del tipo de realidad objetiva; esta es una característica de los Estados Unidos. Otras culturas tienden a tratar las cosas en términos de relaciones interpersonales, y esto es verdad en México.

Visto desde la perspectiva mexicana, un visitante le pregunta a alguien información que esa persona no sabe. Pero deseando que el visitante sea feliz y para gozar unos cuantos momentos agradables juntos, el mexicano a quien se le preguntó trata de quedar bien diciendo algo que va a agradar al visitante. En una tierra en donde las fuerzas externas parecen regir, estas ocasiones interpersonales permiten a una persona invertir brevemente el orden de las cosas, al reportar como real lo que uno desearía fuese así. Los mexicanos, por supuesto, no tienen monopolio en decirle a otra persona lo que esa persona desea escuchar, parece que sucede así en todas las culturas hasta cierto punto.

En valor, aunque no siempre de hecho, los estadounidenses le han dado especial importancia a decir la verdad. Las lecciones de objeto más claras en las vidas de los dos héroes legendarios de la nación, Washington y Lincoln, se conciernen con la honestidad, mientras que los Presidentes a quienes se les ha tenido en desprestigio, Harding y Nixon, se les desprecia por su falta de honestidad.

¿Son los americanos tan honestos? Para decir la verdad, no. Pero desearíamos creer que la honestidad es la mejor política y dentro de una organización nos gustaría creer que un "sí" significa sí y que un "no" significa no. "Un hombre del claro que sí" para nosotros es uno que es débil, no lo suficientemente independiente para expresar sus propios puntos de vista, pero aún un "hombre del claro que sí" puede decir "no" si él no entiende algunas instrucciones cuando se le pregunta si las entiende.

"Tantas Clases de Verdades como Hay Clases de Plátanos"

Un hombre de negocios de Veracruz hizo una analogía notable entre la verdad y los plátanos. El dijo, "Ustedes los norteamericanos, cuando piensan en un plátano, ustedes piensan en una sola clase de fruta. Pero cuando ustedes vienen a México y visitan un mercado, ustedes ven que hay tantas otras clases de plátanos. Algunos son grandes y sólidos y se usan para cocinar, como las papas. Usted nunca supo que existía tal cosa. Otros son pequeños como su dedo gordo y más dulces que las golosinas. Usted nunca imaginó tal cosa. Y yo le diré amigo mío, aquí en México tenemos tantas clases de verdades ¡como tenemos tantas clases de plátanos! Usted no sabe ¡lo que se ha estado perdiendo!"

Aunque su analogía es un tanto forzada, su punto se toma en cuenta: lo que esperamos y como definimos "la verdad" o "la mentira" es un asunto cultural. Cuando los estadounidenses y los mexicanos trabajan juntos, esto puede convertirse en una fuente de confusión intercultural y de conflicto.

Se deben considerar dos cosas. Una es la variedad de situaciones en las cuales es aceptable no expresar "la verdad, toda la verdad y nada más que la verdad". La segunda concierne a la propia creencia del interlocutor en cuanto a lo que dice.

En cuanto a la primera, la línea entre "negocios" y "placer" es donde los estadounidenses separan claramente la "honestidad" o "franqueza" de las "mentirillas blancas" o "mentiras sociales" o sea lo que sea se les llame. Podíamos creer que la "honestidad es la mejor política" en los bancos y aún en el gobierno, pero no siempre damos valor al candor cuando agradecemos a un anfitrión o anfitriona una cena que no gozamos o cuando encontramos a un amigo cuya pobre actuación acabamos de ver en una producción teatral de aficionados.

Aún en ocasiones sociales tales como estas, muchos estadounidenses se sienten mucho mejor al decir algo ambiguo o simplemente un "gracias" más bien que expresar una apreciación falsa.

En México, donde se distinguen no muy claramente el placer y el negocio, la situación es diferente. Por lo menos siempre hay algo que alabar, y en cualquier caso una expresión precabida de gracias usualmente refleja insatisfactoriamente acerca del que habla en vez de revelar alguna verdad en su observación.

La segunda consideración está en la distancia entre lo que uno piensa y lo que uno dice. Cuando se valora "el habla directa'", la distancia más corta es la mejor. Las mentiras de omisión parecen para la mayoría de los estadounidenses menos deshonestas que esas expresadas. Pero donde los americanos al norte de la frontera pueden sentirse seguros y honestos consigo mismos al indicar ambiguamente "Usted no se imagina cuanto goce esta noche," los mexicanos al sur preferirían detallar su gozo supremo por tan magnífica ocasión.

Los estadounidenses en México pueden ya bien cambiar sus suposiciones, sus expectativas y quizás también su estilo, si ellos desean evitar sentirse confundidos o heridos y eludir verse demasiado serios y antipáticos en una tierra en donde la simpatía cuenta mucho más que la objetividad.

El psicólogo Francisco González Pineda ha escrito extensivamente acerca de las variaciones de la verdad. Empezando con premisas similares a aquéllas ofrecidas por Ramos, particularmente viendo a la mentira relacionada con la idealización del *pelado*, González ve las distorciones de la verdad como necesarias para sobrevivir sin la desmoralización completa. El dice que el reconocimiento general de esto ha hecho de la mentira en México casi una institución. El describe variaciones de mentiras a través de las diferentes regiones en México, incluyendo la capital en la que, él dice, el uso de la mentira es aceptable socialmente en todas sus formas. Muchas de estas formas no son comunes ni aceptables en los EE.UU., tales como la mentira como agresión o para expresar fantasía. Los estadounidenses usan algunas mentiras defensivamente (haciendo excusas) pero aún aquí nuestra fluctuación de distorción es más bien limitada. Preferimos evitar decir lo que pensamos en vez de expresar una falsedad. Si tenemos que decir algo, preferimos expresar una verdad incompleta. Confiamos en expresiones un tanto cuanto convencionales que intencionalmente son ambiguas e impersonales ("eso es interesante"), tan faltas de contenido emocional que ofrecen conflicto mínimo con nuestros sentimientos emocionales.

Los gerentes estadounidenses que trabajan en México se quejan de que los subordinados mexicanos están propensos a guardarse o detener la información que es negativa, aún cuando sea importante y presentan solamente las "buenas noticias", un problema típico con administraciones autoritarias. Sin embargo, los esfuerzos poco guiados para involucrar la participación de subordinados en tomar decisiones corre otros riesgos. Si las acciones del supervisor se interpretan como mostrando ignorancia o debilidad, el trabajador mexicano puede ignorar otras instrucciones y consejos y decidir su propio curso de acción sin informar a su supervisor.

Uno no necesita estar en México mucho tiempo antes de escuchar a los mexicanos quejarse de esta o aquella decepción, que tan desafortunada es, y de esto y aquéllo. Pero los mexicanos también le dirán que están a veces sorprendidos de encontrar a los americanos tan inocentes o tan limitados en sus modos que no se pueden adaptar a la situación. Un caso en este aspecto es la clase de hacer un pacto o regateo que uno logra en un tianguis, el mercado tradicional mexicano al aire libre o en ciertas tiendas. El regateo de un lado y del otro, da un claro ejemplo de los "valores interpersonales" en contraste con el sistema de precio fijo que queda perfecto con la claridad y eficiencia que se encuentra en los "valores objetivos".

El consumidor objetivo de "mente práctica" parece que desea pasar a tratar los negocios tan pronto como sea posible. El o ella encontrarán difícil mantener cualquier interés aparente hablando sobre el clima o la salud de la persona u otra información aparentemente poco relacionada con la transacción de negocios.

Cuando el regateo empieza en México, la persona que paga el precio que le piden primero pasa a ser considerada más como un tonto que como simplemente rico. De la misma manera, la persona que rechaza regatear debido a miedo de que le tomen ventaja parece poco amistosa así como ignorante.

El lugar del mercado mexicano es una escuela excelente para las relaciones de negocios y sociales en México, y se les aconseja bien a los estadounidenses que gocen y aprendan de sus experiencias allí. "Su comerciante de caballos o "marchante" del sur o del oeste" dijo un mexicano, "probablemente se siente más cómodo y es más apto en las negociaciones en México que su graduado de administración de empresas norteñas. El primero no sólo sabe como "regatear", pero también él sabe como no tomarse a sí mismo muy en serio".

A Manera de Expresarse

Un Diálogo de Sencillez y Fantasía

Durante del transcurso de unos pocos días allá por 1979,
los líderes de los países de los Estados Unidos y de Francia
hicieron visitas oficiales a México. Algunos observadores
no podían resistir la oportunidad de comparar a estos
hombres como representantes de dos culturas muy
diferentes. Un columnista prominente de Excelsior, el
distinguido periódico diario de México, comentaba acerca
de las maneras en que los dos presidentes hablaron. Al
Presidente Carter se le describió como tan consistente con
los valores Anglosajones de su país. El fue específico, franco
y si algunas de las realidades de las cuales habló no eran
precisamente placenteras, eran cuestiones reales que se

tenían que tratar. El Presidente francés, Giscard d'Estaing, cierto a su cultura, habló en una manera que los mexicanos encontraron más familiar y compatible. Su estilo fue más grandioso, su enfoque a las cuestiones fue lo suficientemente alejado para evitar cualquier cosa desagradable. El columnista advirtió que cuando todo se había dicho y hecho, y cuando los dos jefes de estado regresaron a sus países, probablemente las cosas seguirían casi de la misma manera como estaban antes de que ellos vinieran y hablaran. Sin embargo, el escritor añadió, que el discurso del Presidente francés fue por lo menos más compatible e hizo sentir a los mexicanos mejor, aunque fuese sólo por un rato.

El habla ceremonial por jefes de estado revela diferencias culturales en el estilo. Todavía más revelador son nuestros diferentes estilos de hablar en la oficina y en encuentros públicos. De tales diferencias en estilo, nosotros y los mexicanos parecemos formar juicios acerca de la personalidad y carácter del que habla.

Desde el punto de vista norteamericano, el estilo del habla mexicana parece excesivamente emotivo, excesivamente dramático. Cuando el que habla se eleva arriba del sólido y opaco terreno de los hechos para poder demostrar una retórica más colorida y aún "floreada", los estadounidenses podrán reaccionar negativamente. La línea entre el hecho y la fantasía, las obras llevadas a cabo y las obras meramente propuestas no siempre están tan claras cuando los mexicanos hablan como cuando los estadounidenses hablan, por lo menos esta es la opinión de muchos estadounidenses.

A nosotros en los EE.UU. nos gusta ser prácticos, eficientes y claros cuando hablamos. Nuestras líneas de pensamiento deben estar rectas como las calles de nuestras ciudades, nuestro adorno verbal no sobrepasando a aquel que vemos en nuestros edificios modernos. Mientras que queremos ser agradables y no muy bruscos en lo que decimos, no queremos perder el tiempo con mucha plática insulsa ya sea al principio o al final de las conversaciones, y rara vez a la mitad. Asociamos mucha plática insulsa con una falta de seriedad de propósito y con la manera en que las "mujeres parlanchinas" hablan. Nos sentimos más a gusto hablando de hechos, planes o asuntos que son técnicos más que personales. Tan es así, de hecho, que los mexicanos a menudo encuentran que los estadounidenses se preocupan mucho en los detalles. Ellos deberían preferir unos esbozos con detalles fuertes y atrevidos de principios apoyados en experiencias personales verosímiles. Estos contrastes pueden observarse más claramente en las negociaciones entre mexicanos y estadounidenses.

Nos aterroriza el hablar en público, y mientras que contamos con una amplia cuota de "grandes discursos" en nuestra historia nacional, "un gran orador" suena hoy anacrónico. En tanto que se trate de un "buen conversador" debemos ser extra cuidadosos: puede que ¡vaya persiguiendo algo más!

Estas actitudes no siempre nos sirven bien en México. Nuestra eficiencia parece muy apresurada en ocasiones, particularmente cuando entramos o salimos al final de una conversación. No siempre permitimos la oportunidad para que emerjan las personalidades así como los puntos de vista. Hay un valor especial en la plática insulsa y en hacer mucho de muy poco. Si siempre hablamos "directo", perdemos la oportunidad de alguna excursión agradable en el camino.

Una imagen muy diferente de la que se percibe arriba suele aparecer a veces en ocasiones más formales en México, cuando se les invita a hablar a los estadounidenses poco familiarizados con la cultura. Cuando palabras como "dignificado" o "elocuente" pueden bien describir la retórica mexicana, el estadounidense puede sentirse y parecer a otros torpe y desafortunado en naturalidad. Generalmente, a los estadounidenses les falta tanto las ocasiones como el deseo requerido para hablar con "gran estilo". Aún la palabra "elocuencia" suena a los oídos de muchos estadounidenses pretensiosa, vacía, anticuada.

La atención dada a hablar de "negocios" y "placer" es diferente en ambos lados de la frontera. No es tan simple como decir que los estadounidenses están todos a favor del negocio y que los mexicanos gozan más los placeres simples de la vida. Más bien, tanto el tiempo dedicado a hablar de negocios y placer así como la distribución de tiempo a la conversación de los mismos parecen ser diferentes. Los estadounidenses parecen minimizar el intercambio de algo placentero y entonces "pasan a los negocios", "si el tiempo lo permite" los norteamericanos regresaran a algo personal, asuntos no relacionados con negocios. La contraparte mexicana, por otro lado, puede querer pasar un gran rato de más tiempo en conversación personal antes de entrar en asuntos de negocios. ¿De qué otra manera pueden dos personas conocerse uno al otro y empezar a intuir el valor de la confianza del otro? Si a cada uno se le preguntara, el estadounidense y el mexicano probablemente dirían que ellos ponen "primero las cosas importantes primero". Más importante aún, ellos parecerían ver al otro como si tuviera las cosas al revés. El estadounidense, deseando aparecer serio y profesional, puede interpretarse como impaciente y frío; el mexicano, particularmente dentro de su ambiente mexicano, desea aparecer amable, amigable y deseoso de conocer a este estadounidense como un individuo, no a un tipo; en vez de esto, él puede impresionar al estadounidense como si le faltase seriedad de propósito o profesionalismo.

El Mexicano Se Deleita en el Juego de Palabras

Los mexicanos se deleitan en el juego verbal. Los doble sentidos, el torneo de frases, los dichos o citas célebres, expresados en el momento oportuno en una conversación de otra manera ordinaria, son una parte importante del dar y recibir diario. Uno ve un recurso completo con la lengua en la cultura popular también: Cantinflas, el comediante de películas, es famoso por su plática en doble sentido que casi pasa como de profundidad; un club nocturno moderno mexicano puede presentar como parte de su entretenimiento una recitación de poemas; los discursos de boda muy elaborados; los mensajes pintados a mano atrás de los camiones; las letras Veracruzanas improvisadas y ocurentes; y mucho más.

Hablar, de hecho, está más cerca del arte de cantar en México que lo está en el norte de la frontera. El significado de una canción queda por lo menos tanto en como se expresa como en lo que las palabras dicen y se hacen prerrogativas para las extravagancias en emociones. En nuestra habla, sin embargo, nosotros en los Estados Unidos somos más literalmente conscientes, demasiado desde el punto de vista del mexicano. Esto a veces nos inhibe para decir aquéllo que se debería decir en un contexto social en México, y nos molesta escuchar cosas que parecen ser demasiado superficiales y no tienen suficiente substancia. Visto a través de los ojos de los mexicanos, nosotros por lo tanto carecemos de *simpatía*, lo cual es muy importante en su cultura.

En una fiesta, los hombres de ambas culturas son presentados a las esposas de otros invitados. El estadounidense dice, "Estoy contento de conocerla". El mexicano dice "Estoy encantado de conocerla". La

distancia entre estar contento y "encantado" es una medida
de la distancia entre los dos estilos culturales, una distancia
que es solamente un pequeño paso para el mexicano, pero
un extraño salto para muchos norteamericanos.

Al Hablar

En conversaciones a los estadounidenses les gusta hacer
comparaciones. Ló hacemos todo el tiempo. Pero hay que
tener cuidado de hacer comparaciones en México. Los
estadounidenses lo hacen tan seguido acerca de tantas cosas
desde la alfarería hasta la política que la mayoría de los
mexicanos están cansados de escucharlos. Eso puede ser
especialmente verdad porque la mayoría de las
comparaciones favorecen al lado estadounidense.

Recuerde que en México muy seguido dicen "Como
México no hay dos". Los mexicanos en ocasiones citan esta
frase con un movimiento irónico, pero se lo toman muy a
pecho. Nada es en realidad como México. Eso es un hecho
y una advertencia.

Las Palabras Pequeñas Significan Mucho

En el habla mexicana, como en la artesanía mexicana, las
miniaturas abundan. Mucho del mundo está hecho más
pequeño, más íntimo, o más manejable a través del uso de
esos -itos, y -itas, y otros sufijos. La palabra "chico"
fácilmente se convierte en "chiquito", que es todavía más
pequeño, y esa todavía se reduce aún más a "chiquitito".
Un beso que se pide, una moneda que se solicita, o al
dirigirse a alguien que se ama—cada uno se transforma a
través del diminutivo. No hay otro país de habla española

tan enamorado de la forma diminutiva. La forma opuesta del aumentativo también se usa pero mucho menos. En los Estados Unidos, sin embargo, tendemos a hacer lo inverso. Los diminutivos se asocian con el habla de los niños y las mujeres jovencitas, pero todos usan palabras y frases para aumentar—es uno de nuestros hábitos más grandes y ¡más tremendamente famosos! Cuando pensamos que somos solo descriptivos ("Chicago tiene el edificio más alto y el aeropuerto más transitado"), parece que estamos presumiendo. Cuando los mexicanos encojen algún problema, podíamos pensar que tienen miedo de encarar la realidad tal como es.

Actitudes Hacia el Idioma Español

Sería una tontería ignorar la influencia de las diferencias en los idiomas, en el español y en el inglés, que tienen los malentendidos al cruzar las culturas como sería también el creer que los problemas de comunicación se deben primordialmente a la lengua exclusivamente. Los mexicanos y los estadounidenses difieren de alguna manera en sus actitudes hacia hablar otros idiomas y hacia el uso de su propia lengua en la comunicación diaria.

Acerca del idioma inglés en los EE.UU., todo esto se debe puntualizar: (1) asumimos que todos en nuestro país hablan inglés y que la mayoría de aquéllos que no lo hacen son imigrantes recientes que lo aprenderán pronto; (2) no sentimos ninguna identificación en particular con los hablantes de inglés en otras partes del mundo; (3) aún cuando haya libros populares cada año que se quejan acerca del estado lamentable de la lengua hoy en día y alguna gente quede intimidada por los puristas y los gramáticos tradicionales, la mayoría de nosotros sentimos que "el mejor inglés" es aquel que comunica. En nuestras actitudes hacia la lengua así como en otras actitudes, contrastamos la estética o elegancia con la practicabilidad y nos alineamos firmemente por el lado de lo práctico.

Los estadounidenses piensan que todos los idiomas deben ser casi iguales en su habilidad de transmitir ideas, pero que algunos tienen más prestigio que otras. El francés, aún el inglés con acento francés, tiene prestigio. El español y especialmente el inglés con 'acento español" no lo tiene. Ningún idioma extranjero se enseña más ampliamente en nuestras escuelas que el español y muy pocos idiomas le presentan al estadounidense tantos cognados y un alfabeto fonético tan consistente. Como resultado, hay una visión ampliamente mantenida de que el español es una lengua fácil de aprender, una actitud que el recién llegado escucha inmediatamente. Indicaciones como "una vez que se faje al idioma" o "después de que domine el español en unos cuantos meses" provocan esperanzas falsas y acarrean tanto el desánimo personal como un talento para aparentar que uno entiende más de lo que en realidad uno puede lograr. Ningún idioma es fácil de aprender para un adulto y el español no es la excepción para los estadounidenses. Con esfuerzo y la ayuda de un número cualquiera de clases excelentes, a módicos precios, el progreso al aprender español puede ser una parte muy importante de la experiencia mexicana de una persona.

Los mexicanos tienen un serio interés en su lengua lo cual es poco común entre sus vecinos de habla inglesa. En parte se debe al placer del juego verbal y a la poesía, mencionados previamente. También se debe en parte a que uno encuentra que los intelectuales y el hombre de letras tienen un lugar más prominente en México. Y también tiene algo que ver con un interés de ser digno, respetable, *decente*, algo que uno escucha en muchas conversaciones casuales y que les impresiona a algunos observadores como si fuese una preocupación. Mientras que la facilidad con el español les sirve a algunos como una marca de su distancia de *los indecentes,* los cuales luchan con el idioma, debe también notarse que cada año se muestra más y más interés en el estudio del nahuatl y de otras lenguas indígenas como parte de la búsqueda del mexicano por su pasado.

Debe ser aparente que sin ninguna competencia en español, un buen grado de la substancia tanto como del tono en las relaciones interpersonales en México quedará perdido. Por el mismo motivo, un interés sincero y un esfuezo para aprender español bien ayuda a presentar al que lo habla como una persona más simpática que el que no trata de hacerlo para nada.

9

"Los Americanos son unos Cadáveres"

Cuando decimos que alguien está "siendo emotivo" usualmente queremos decir que la persona ha abandonado temporalmente la razón y está haciendo muchas alharacas acerca de alguna cosa. A pesar de la gama de variaciones regionales y étnicas con respecto a las expresiones de sentimientos, la norma de la tendencia estadounidense es que la razón debe siempre estar en control de las emociones y que la excesiva emotividad, ya sea llena de gozo o lágrimas, es comunmente inapropiada (con la notable excepción de un evento deportivo de campeonato). Por eso, la mayoría de los estadounidenses ni se asocian con la demostración de las "pasiones" consigo mismos ni desean hacerlo así. En vez de eso, por quinientos años el mundo de habla inglesa ha asociado el emocionalismo con los "latinos". Por estas razones, los estadounidenses parecen sentirse ambivalentes acerca del sentimentalismo que se encuentra en México. Sus atracciones, su calor y alegría o regocijo, como en una fiesta no se pueden negar; pero también hay un desasosiego de que la "razón" o "el sentido común" se perderá temporalmente.

Para alguien en los Estados Unidos el comentar el hecho de que usualmente los mexicanos son emotivos implica desaprobación si no es que pura condescendencia. Pero esa misma calidad de pasión o emoción guarda un lugar central en el panteón mexicano de valores. Estar sin pasión, en tristeza o gozo, es como ser menos completo como un ser humano. No es de sorprenderse entonces que los mexicanos les llamen a los estadounidenses "cadáveres" desprovistos de sentimientos, sin vida. Los mexicanos perciben la racionalidad del anglo como saliéndose para negar el impulso de su momento. "Los estadounidenses no saben como gozarse a sí mismos" dirán los mexicanos. "Ellos siempre están pesando las consecuencias de ésto en contra de los beneficios de aquéllo. Ustedes señores piensan demasiado".

El dar lugar a la emoción es una cuestión cultural que alza su cúspide en (casi) todas las situaciones en las que se encuentran a sí mismos los estadounidenses y los mexicanos. En el trabajo, en casa, en reportar un incidente trivial que ocurrió, en una boda o en un funeral. La dificultad con el idioma puede también añadir a la reticencia de uno para expresar una opinión o reir de corazón de un chiste, sin estar seguro exactamente de lo que se ha dicho. En cualquier caso, ser precavido es con frecuencia prudente quizás especialmente en México, pero entre amistades y asociados puede interpretarse como meramente "pesado".

Si uno pudiera separar que es español y que es indígena en el carácter mexicano contemporáneo, se podría decir que esta expresión de pasión es esa del español, o más exactamente del hombre español. Un exterior impávido, lo que Octavio Paz llama "las máscaras mexicanas" es la faz pública de las gentes indígenas. Pero aún desde el punto de vista de algunos otros Latinoamericanos, las expresiones de emociones mexicanas entre la gente son grandiosas (expuestas por ejemplo por los grandes muralistas mexicanos). Una telenovela particularmente lagrimosa y de estilo melodramático se le conoce a veces en Latinoamerica como "*a la mexicana*".

Una razón por la cual los estadounidenses parecen carecer de espontaneidad y pasión es que se les requiere razones fundadas para lo que hacen, excusas plausibles para lo que dejan de hacer. La lengua americana, comparativamente hablando, está llena de palabras que parecen medir, cuantificar y clasificar o poner en orden las cosas. En inglés se tienen *toneladas* de trabajo que hacer, se *siente uno como un millón de dólares*, una fiesta es *una de las mejores* que hemos tenido jamás, y aquí estamos en una ciudad que pronto será la *más grande* ciudad del mundo (mientras que nuestra tierra natal fue solamente una ciudad de *las más grandes* en los EE.UU.) Parece que estamos calculando y comparando constantemente cuando, de hecho, simplemente estamos usando las expresiones idiomáticas americanas.

10

Hechos Son Amores y No Buenas Razones

Tan importante como es el idioma en la comunicación, quizás aún más importante sean todas esas maneras en las que nos comunicamos sin hablar: nuestros gestos, nuestras expresiones faciales, las miradas con los ojos, como caminamos, nuestra postura, nuestra ropa. Aún el lugar en donde las personas hablan tiene una función comunicativa. Esta comunicación no verbal es importante por varias razones: (1) estamos en general inconscientes de su influencia, de tal manera que cuando hay malentendidos no verbales no podemos identificarlos fácilmente y no tratamos de corregirlos; (2) lo no verbal no sólo apoya y amplifica lo que se ha dicho en palabras, también puede contradecir las palabras con la fuerza suficiente para cancelar el mensaje hablado; (3) todos estos

69

asuntos no verbales están relacionados con los sentimientos de confianza y comodidad.

Aquí hay algunas cosas que se deben tener en mente.

La Cercanía y El Contacto

Hay mucho más contacto físico entre los miembros del mismo sexo en México que lo que se acostumbra en los EE.UU. Los hombres se saludan uno al otro con un abrazo, las mujeres pueden besarse. Estrecharse, apretones de mano, palmadas en la espalda y otros contactos físicos son una parte importante de la comunicación en México.

La distancia física entre personas que entablan una conversación es también más cercana que lo que es usual al norte de la frontera. Más contacto físico frecuente y más proximidad física hacen que el estadounidense algunas veces se aleje, con frecuencia sin darse cuenta de lo que está haciendo. En sus esfuerzos para mantener lo que él considera como una distancia de conversación confortable, puede también no intencionalmente comunicar una distancia social y emocional. El estadounidense no familiarizado con las maneras mexicanas puede de la misma manera interpretar como un asunto de personalidad o actitud aquéllo que es cultural: que el mexicano puede parecer "insistente", muy intenso, arrogante. Las mujeres estadounidenses que tienen contacto comparable con las mujeres mexicanas muchas veces experimentan reacciones similares.

Los cuerpos se mueven con diferentes ritmos en los dos lados de la frontera. Nosotros en los Estados Unidos tendemos a usar nuestro cuello y la cabeza para dar énfasis; el movimiento mexicano, como el movimiento latinoamericano generalmente involucra mucho más del tronco del cuerpo. Los maestros de danza mexicana llegan a comentar esta diferencia cuando enseñan algunos pasos a los estudiantes del norte. Nuestra postura al sentarnos tiende a ser más desplomada, lo cual se puede interpretar como falta de agudeza o falta de interés en las personas alreadedor de uno.

El uso de las manos en auto expresiones es generalmente más extenso en México que en los EE.UU. Este es el caso, no sólo al ilustrar o enfatizar lo que la persona está diciendo pero en el repertorio general de gestos de las manos también. No pocos de los usados por los hombres están cargados con insinuaciones sexuales. A pesar de que hay algunos gestos que significan una cosa en los EE.UU. y otra cosa diferente en México (por ejemplo, nuestra posición de la mano para indicar la altura de una persona se usaría en México solamente para indicar la altura de un animal) ésta no parece ser una área en la cual ocurran malentendidos interculturales serios.

La Ropa

La ropa, joyas, estilo del peinado y otras cosas tienen un significado social en todas partes, pero posiblemente mucho más en México con su gran diversidad étnica. Los estilos del vestir pueden primero comunicar los antecedentes de la región de una persona o su etnicidad. Solamente en los sombreros, la diversidad es maravillosa, como puede mostrar inmediatamente una visita a la *sombrerería*. Ya que las distinciones del estatus son importantes en México, los mexicanos de la clase alta le darían atención considerable a la ropa fina, joyería cara, peinados elaborados. En México, la subcorriente de preocupación para ser respetable, *decente*, que se revela en conversaciones también se muestra en el vestido. Las personas de los Estados Unidos que vayan a vivir y trabajar en la Ciudad de México deben darse cuenta de que las normas de usar la ropa son más conservadoras y con más influencia Europea que en los EE.UU. El vestir casualmente está bien para los lugares de recreo como son Acapulco, pero está fuera de lugar en un ambiente de negocios en la capital sofisticada de México de la misma manera que sería un saco y corbata en la *playas* de Acapulco.

Los Contextos

Como ha alegado Edward Hall en su libro "Beyond Culture," las culturas difieren en la importancia relativa que ellas ponen en las palabras para transmitir información. Algunas culturas incluyendo aquéllas de los EE. UU., Inglaterra y el norte de Europa, dan gran importancia a las palabras. Algunos de nosotros que hemos crecido en estas culturas nos sentimos inseguros a no ser que los sentimientos y las ideas se expresen con palabras; nuestros contratos parecen ser muy elaborados y específicos. Creemos que las ideas deben evaluarse por su propio mérito—en sus propias palabras, es decir—y no en base de quién dijo las palabras, dónde o cuándo. En términos de Hall, le damos relativamente poca atención al contexto de la comunicación y muchísima atención a las palabras.

México es una cultura en donde el "contexto" juega un papel mucho más importante. Vimos esto en la discusión sobre las clases de "verdad" y la noción de "valores interpersonales". Además, los lugares tienen significado o añaden un significado; un hombre y una mujer solos en un cuarto juntos, por ejemplo. Quien dice algo, como se dijo, confianza no hablada—estos asuntos son de extrema importancia en México y no deben ser ignorados en un esfuerzo para entender solamente las palabras que se están intercambiando.

11

El Tiempo

Si se conoce una cultura por las palabras exportadas, como lo mantiene una teoría, entonces México puede ser mejor conocido como la tierra del *mañana*. Las diferencias en el tratamiento del tiempo pueden no ser la fuente más seria de los malentendidos entre las personas de las dos culturas, pero es de seguro lo que se menciona más frecuentemente. Se pueden agrupar varias cuestiones bajo la etiqueta general del "tiempo".

La Perspectiva Histórica

Para empezar, las dos sociedades difieren en su sentido de la historia. Muchos de nosotros en los Estados Unidos

pensamos en "nuestra historia" como cubriendo cerca de
350 años, siendo la Acción de Gracias y el Cuatro de Julio
casi las únicas fechas nacionales en las cuales se nos requiere
recordar el pasado. La historia mexicana es mucho más
antigua (en el magnífico Museo Nacional de Antropología
en la Ciudad de México, usted puede caminar a través de
3,000 años de historia) y las tradiciones mexicanas,
incluyendo el uso de ciertos utensilios diarios, retornan a
los tiempos precolombinos. Esto se añade al hecho de que
la educación en México, en contraste con la educación
estadounidense, otorga más atención a la Historia Occidental y a los Clásicos, por lo tanto creando una "perspectiva
histórica" considerablemente diferente de la que se tiene
en los EE.UU. El autor en una ocasión compró dos libros,
uno sobre administración, el otro sobre sicología mexicana,
ambos escritos y publicados en México. El uno empezaba
su exposición con el Viejo Testamento, el otro con la Grecia
Clásica.

El Pasado, El Presente y El Futuro

Alguien dijo acerca de los estadounidenses, "Siempre en
nuestro pasado ha estado presente el futuro". Es verdad:
nosotros los estadounidenses estamos muy orientados hacia
el futuro. Planeamos cuidadosamente el futuro; ponemos
a prueba el significado de la experiencia presente por lo
que vaya a significar en el futuro; hasta saludamos a la gente
con "He estado esperando deseoso volver a encontrarte".
Mirar al futuro va con nuestra noción de optimismo,
modernidad, progreso.

Algunos mexicanos dicen que estamos tan interesados
en el futuro que no podemos gozar el presente. La gente
en los Estados Unidos dice que los mexicanos están tan

involucrados con su presente que les falla planear para el futuro. Nuestras orientaciones hacia el pasado, el presente y el futuro son muy diferentes y cada cultura juzga a la otra basándose en su propia orientación.

Los críticos de la administración mexicana se quejan de que hay una falta de planeación de negocios a largo plazo en las empresas mexicanas, con el resultado de que algunas compañías mexicanas buscan hacer utilidades altas en un plazo de tiempo corto con un mínimo de esfuerzo; las ganancias, sin embargo, quedan por debajo de lo que podrían ser con una mejor planeación y con una toma de decisiones más sistemática que requeriría un panorama más a largo alcance. El darse cuenta que estas diferencias existen puede ayudarnos a alterar nuestras expectativas de lo que pudiese ocurrir y nuestras interpretaciones de lo que sucede.

No es muy útil criticar a los mexicanos por no pensar como los estadounidenses, por supuesto, pero esto es lo que frecuentemente sucede cuando pensamos que estamos hablando acerca de "planeación" o de "tiempo". Para dar una mejor perspectiva, en los países en donde la organización se considera todavía con más meticulosidad y orientación al futuro, se critica a menudo a los estadounidenses por la falta de planeación y por tener un alcance de visión demasiado corto.

El Tiempo -M y El Tiempo -P

En la literatura influyente de Edward Hall respecto al tiempo a través de las culturas, él ha distinguido dos clases de tiempo: "monocrónico" (el tiempo -M) y "policrónico" (el tiempo -P). Estos corresponden a los estilos que prefieren los estadounidenses y los mexicanos respectivamente. El tiempo -M valora que se tome en cuenta "cada cosa a su tiempo". El tiempo es lineal, no segmentado. El fútbol americano es un juego muy de "tiempo -M". El entrenador hace lo que quiere y ordena las jugadas. El reloj se para por cualquiera de las partes para beneficio estratégico. Los jugadores entran y salen para encajar o servir al juego escogido, y si hay alguna violación de quien es elegible o no, ésta se identificará. Desde un punto de vista latino todo parece impersonal, calculado y contrario al caudal de la interacción. Compare todo esto con lo que se conoce por casi todo el mundo como fútbol o aquello que en los EE.UU. con frecuencia se le llama "soccer". Este es un deporte muy tiempo -P con una abundancia continua de acción constante y reacciones de uno al otro, más que un "trozo" de acción planeada juego a juego. Necesariamente no es que el tiempo es dinero "time is money" pero el tiempo -M lo maneja de esa manera, con una precisión calculada. A las personas del tiempo -M les gusta la programación impecable de sus compromisos y se distraen muy fácilmente, así mismo se ven angustiados por las interrupciones.

En contraste, el tiempo -P se caracteriza por que pasen muchas cosas al mismo tiempo, y con una noción más "suelta" de lo que es "a tiempo" o "tarde". Las interrupciones son rutinarias, las tardanzas son aceptadas. Por lo tanto no es que se aprecia dejar las cosas para mañana, como lo consideran algunos estereotipos del mexicano, pero no se asume o espera que las actividades humanas procedan como un trabajo de reloj. Debe hacerse nota a este respecto de que el tratamiento estadounidense del tiempo parece ser el menos popular en una escala mundial. Este escritor descubrió que aún en Japón, en una cultura no conocida por su imprecisión o indolencia, las personas de negocios de los EE.UU. son vistas por sus colegas japoneses como tan amarradas al tiempo, manejadas por sus horarios y fechas límites lo cual a su vez bloquea un desarrollo fácil de las relaciones humanas. Muchos europeos occidentales, por otro lado, están todavía más conscientes del tiempo que los estadounidenses.

Los estadounidenses expresan una exasperación o molestia especial cuando parece que los mexicanos les dan poco menos de su atención íntegra. Cuando una joven cajera, espera la aprobación de su superior para poder cambiar un cheque, se lima las uñas y habla por teléfono con su novio, los norteamericanos se ponen muy molestos. No es fácil ajustarse a estas diferencias. Si es que le ayuda, trate de darse cuenta de que la "pauta mexicana" tiene sus complementos en otras culturas en cinco continentes. Las expectativas estadounidenses, vistas en una perspectiva global, están en la minoría.

Al Ajustar el Reloj

Los residentes recién llegados parecen aprender rápidamente como ajustar sus relojes mentales a la hora mexicana cuando se trata de anticipar la llegada de los huéspedes mexicanos a una fiesta; una invitación para las 8:00 puede producir invitados hasta las 9:00 o las 10:00. Lo que parece requerir más ajuste es la noción de que puede ser que las visitas salgan primero a otra fiesta y después a otra todavía más tarde. Para muchos estadounidenses esto le resta importancia a su propia fiesta, un tanto como la acción de la cajera que le quita el respeto a mostrarse al cliente. La contraparte de esto, es el fastidio del mexicano con el sentido del tiempo de los norteamericanos que queda en su consternación cuando una invitación a una fiesta indica por anticipado la hora en que la tal fiesta acabará. Estas u otras indicaciones más sutiles acerca del tiempo para terminar una reunión antes de que se haya puesto en marcha sirven como una muestra más de que los estadounidenses son esclavos del reloj y que no saben como gozar de la vida ellos mismos.

Durante las últimas generaciones, el tiempo y la oportunidad del momento en la Ciudad de México ha sufrido algunos cambios mayores. La mecanización en aumento, en tales formas como es el moderno sistema subterráneo del Metro o la expansión de aparatos de televisión y radios de transistores, ha ajustado o forzado la programación de algunos eventos. (Se acostumbraba decir que la corrida de toros era el único evento que empezaba puntualmente). El crecimiento enorme en la población tanto de personas como de automóviles en la capital ha significado también que algunas tradiciones, como la del descanso agradable a la mitad del día para comer y relajarse en la casa, hayan desaparecido. Estos cambios también están ocurriendo en otras grandes ciudades.

12

Las Preocupaciones Especiales de los Gerentes

La buena administración significa la buena comunicación; por consiguiente todo lo hasta ahora presentado, deberá ser cuidadosamente considerado por el gerente que estará trabajando en México. Sin embargo, hay otras consideraciones de importancia especial para la gerencia. Aquí hay una media docena:

"La Mordida"

Los gerentes que llegan a México sin saber español, pronto aprenden la palabra "mordida", literalmente tal pero alternativamente conocida como "la paga", "servicios extraoficiales", o simplemente el cohecho. Ciertamente,

México no es el único país en el que la "mordida" sea requerida en el curso normal de hacer negocios, y los gerentes que han trabajado en cualquier lado de latinoamérica o en otras partes del mundo, no pueden sorprenderse demasiado cuando la encuentran en México. Sin embargo, si uno no está preparado para aceptar esta realidad, o si uno llega a México atado a una política estricta de la compañía que toma en serio la prohibición de cualquier cosa que parezca "irregular" de acuerdo a la ética comercial contemporánea de los Estados Unidos, el gerente encarará algunas decisiones difíciles tanto personales como organizacionales.

Un comerciante americano veterano reporta de una reunión que tuvo con unos amigos y un sacerdote Católico Romano para hablar de su dilema al tratar de ser al mismo tiempo, buenos hombres de negocios y buenos católicos. El sacerdote les pidió que consideraran las realidades de los salarios mexicanos y el costo de la vida antes de igualar la práctica de la "mordida" con el pecado. Aunque se quiera o no confrontar la "mordida" en términos éticos o morales, el representante de los Estados Unidos deberá tener un sentido claro antes de llegar a México de cual es su posición a este respecto con relación a sus superiores en la oficina matríz.

No Por Completo

Una preciosa caja laqueada que obviamente requirió muchas horas y habilidad considerable para hacerla se sostiene precariamente junta con las más endebles bisagras de metal. Un magnífico edificio universitario de diseño futurístico con murales temerarios pintados por un maestro pronto se ve cursi; sus ventanas sin lavar, la pintura empezando a pelarse y las obras de cemento mostrando el vencimiento de los soportes demasiado débiles para sostener el peso. Un proyecto ambicioso se planea y se anuncia con gran fanfarra, pero luego falla al materializarse por la falta de atención a unos cuantos detalles relativamente insignificantes. Estos ejemplos pueden multiplicarse varias veces por gerentes estadounidenses que encuentran en México una patrón para lo incompleto que es de lo más frustrante. El gerente estadounidense está sujeto a asumir que una vez que algo ha sido planeado y empezado se hará todo lo debido para completar y mantener el proyecto. Semejante presunción es sin embargo frecuentemente incorrecta. Se deberá dar mayor atención, relativamente, a las etapas finales y de conservación que lo que el caso requeriría en los Estados Unidos.

Sentido de Organización.

Dos gerentes de corporaciones multinacionales, uno de México y el otro de los Estados Unidos, estaban hablando acerca de la forma en que podrían combinar sus esfuerzos para ser más efectivos. Uno dijo, "Con su sentido mexicano de las relaciones personales dentro y fuera del trabajo, y con nuestro sentido americano de organización ¿Cómo podemos fallar?" A lo que su amigo mexicano respondió con una carcajada profunda, "Pero supongamos que tenemos ¡su sentido de relaciones personales y nuestro sentido mexicano de organización!"

Muchos gerentes estadounidenses en México creen que su compatriota tenía la idea correcta—al tratar constantemente de mejorar las mejores características de la organización estadounidense moderna sin afectar la clase

de política impersonal de la compañía-primero que
disgusta a los mexicanos. Aunque también se encuentra
en los Estados Unidos la hostilidad hacia una política
comercial que se basa en pisotear a seres humanos en la
búsqueda de utilidades, el caso mexicano es diferente.
Porque además de las diferencias en valores culturales
anteriormente mencionadas, hay también la diferencia
nacional—la sospecha de que el gerente "yanqui" será
indiferente a los casos particulares por el simple hecho de
que no es un "latino."

Un gerente de Chicago dijo, "A un buen gerente le gusta
pensar que él es pragmático. En México aprende que las
excepciones a la regla—de políticas o procedimientos
acostumbrados—pueden ser tan necesarias por razones
personales como estrictamente prácticas. Así, tiene que
aprender a ser suficientemente flexible para a veces doblar
las reglas y llevar a cabo las cosas. Pero también tiene que
saber que el hacer excepciones no es siempre necesario o
práctico. Es realmente un arte y para practicarlo bien usted
tiene que conocer a su gente."

"Conocer a su gente" es también un arte para los
trabajadores mexicanos. Algunos dicen que los mexicanos
le prestan a esto demasiado atención. Ellos tienden a estar
demasiado conscientes de trabajar para esta o aquella persona en lugar de desempeñar tal o cual trabajo. Este es
otro ejemplo del *individualismo*. Sin embargo, en la cultura
mexicana la supervivencia siempre ha dependido más en
saber como tratar a las personas en particular y no en
acomodarse adecuadamente en una organización que
funciona a la perfección.

Las Relaciones Laborales

Los trabajadores mexicanos están protegidos por una de las más rigurosas legislaciones laborales en el mundo, y el gerente que desconoce las leyes, tendrá problemas por más experimentado y bien intencionado que sea. El desconocimiento de la ley no es una excusa aquí. Una ley de trabajo, por ejemplo, concede a los trabajadores protección total en las labores del trabajo; después de un período de prueba de 30 días se les considera virtualmente empleados de planta permanente. Los despidos requieren del patrón el especificar razones y pueden acarrear sanciones muy severas si son impropiamente efectuados. Uno debe de contar con un abogado calificado que pueda dar consejos en todas las relaciones laborales.

El Bilingüismo

Un buen gerente sabe como delegar responsabilidad. Cuando uno se encuentra trabajando en un país en el que su habilidad en el idioma de ese país es limitada, el tema de delegación de responsabilidad llega a ser más complicado y más importante. Ya anteriormente, se ha hecho comentario sobre el estilo y uso del idioma en México, pero aquí debemos acentuar la importancia de (1) saber sus propias limitaciones en el idioma cuando se trata de asuntos duramente legales y financieros y (2) encontrar la contraparte mexicana con la que uno puede trabajar con tranquilidad y confianza. Los estadounidenses, por razones previamente mencionadas, tratan a veces el lenguaje meramente como herramienta o medio de expresión y consideran por consiguiente que todos los "hablantes nativos" tienen la misma habilidad, aún cuando se reconozca que los hablantes nativos del inglés se diferencian en su nivel de habilidad en la lengua. De manera similar, hay compañías estadounidenses que colocan a personas de Cuba o Puerto Rico u otra nación latinoamericana en puestos de supervisión en México con muy poca consideración a las dificultades que resultarán por las diferencias históricas o culturales. (Esto no quiere decir que solamente las contrapartes mexicanas pueden ser efectivas, pero requiere mayor consideración.)

En cuanto se siga con la pauta reciente de selección y rotación de estadounidenses en México, con tareas limitadas en México de solamente dos o tres años cada vez, la necesidad de confiar en las contrapartes mexicanas y ser capaces de trabajar bien con tales continuará siendo sumamente importante para la mayoría de los estadounidenses.

Del Tiempo y del Espacio

Los estadounidenses pueden ver un mapa del hemisferio occidental de manera diferente a la forma en que sus vecinos mexicanos lo ven. Nosotros posiblemente veremos que los Estados Unidos y México son parte de la misma masa de tierra, compartiendo zonas de horarios, y con la Ciudad de México no más lejos de Los Angeles o Chicago que cualquiera de estas últimas entre sí. El resto de Latinoamérica está más distante hacia el Sur y, una segunda ojeada al mapa nos recuerda, que también está más distante hacia el Este.

Dada esa imagen, las personas recién llegadas a México se disgustan a menudo porque los artículos que vienen de los Estados Unidos, particularmente la maquinaria o materiales necesarios para la producción, tardan mucho tiempo en pasar por la frontera, a través de aduanas y hasta su destino final. Casi todas las cosas llevan más tiempo en México que lo que estamos acostumbrados en los EE.UU., incluyendo las felicitaciones personales, las despedidas y otras cosas así, las cuales los estadounidenses parecen pasárselas por alto. Así también es el transporte internacional. Haga sus planes adecuadamente, descanse o relájese apropiadamente y "don't worry"—no se complique la vida con impaciencia.

Aunque los Estados Unidos parezcan tan cercanos a México y la mayor parte del resto de Latinoamérica parezca tan lejana, recuerde que existe un sentimiento de cercanía mayor entre México y sus vecinos latinos que entre México y los Estados Unidos. Por lo tanto, si hay algún problema político que involucre al gobierno de los Estados Unidos o a una gran corporación de los Estados Unidos en cualquier parte de Latinoamérica, sus ramificaciones pueden sentirse en México mucho más de lo que nos damos cuenta en los Estados Unidos.

13

Conclusión

Si observamos el futuro de las relaciones de los Estados Unidos-México, ¿qué podemos vislumbrar y qué podemos esperar? Que nuestro mutuo compromiso en cada nivel y en todo sector se incrementará, tanto en frecuencia como en significado, parece ser cierto. Ya sea que estos encuentros estén caracterizados generalmente por muchas de las mismas tensiones y malos entendidos que hayan sido reales en el pasado, o ya sea que exista alguna razón de esperanza para algo más positivo, todo va a depender de varios factores.

Nuestras imágenes de nostros mismos y del otro jugarán un papel importante en nuestras relaciones. Por años, los mexicanos se han referido a los Estados Unidos como al "coloso del norte" cuya enormidad en riqueza y poder se manifiesta en toda clase de relación. A propósito las prácticas estadounidenses en el gobierno y los negocios han constantemente reforzado esa imagen. Ahora, sin embargo, podíamos estar visllumbrando un cambio. La población de México aumenta en un grado que es notable en la escala mundial, mientras que el crecimiento de la población en los Estados Unidos se ha detenido. En promedio, el mexicano es joven, él habla de México como una nación fresca. La edad promedio del estadounidense se incrementa cada año.

Aún más, el potencial de la industria petrolera mexicana ya ha empezado a afectar como los estadounidenses consideran a México y como los mexicanos se ven a sí mismos. Por estas y muchas otras razones, un miembro americano de la Comisión de Fronteras se ha referido a México, sin faltarle ironía, como a "los colosos del sur".

Los eventos políticos y económicos continuarán jugando un papel importante en una evaluación de nuestras relaciones en el futuro. Los asuntos que parezcan remotos para la mayoría de los estadounidenses, tales como la decisión de un embajador estadounidense en México, las políticas de imigración y el papel de los Estados Unidos en otras partes de América Latina no pasan desapercibidas en México. Cualquier acción favorable o no, puede influenciar los sentimientos de confianza y amistad en las relaciones entre gente de estas dos sociedades. Tenemos que esperar ver a los hispanos dentro de los Estados Unidos tomando un papel mucho más grande que nunca antes. La respuesta "Anglo" será observada muy cuidadosamente por nuestros vecinos del sur.

En el desarrollo de todo esto vamos a necesitar aún más información, no sólo acerca de las culturas de México y los Estados Unidos individualmente, pero también y particularmente acerca de los encuentros interculturales de ambos. Aquí es donde nos encontramos bastante atrasados dentro de lo que la tecnología permite y las realidades actuales requieren. El preciso aumento de la población Mexico Americana dentro de los Estados Unidos podría hacer mucho para provocar algunas clases de estudios que serían útiles para el entendimiento mutuo a través de la frontera. Esto es particularmente importante para los estadounidenses, quienes, en conjunto, conocen a México más como turistas que como personas que han estudiado o trabajado en México por un período de tiempo. Actualmente, el gerente mexicano, lo más seguro, estará más informado acerca de las maneras estadounidenses que podría estarlo su contraparte an EE.UU.

Un hombre de negocios estadounidense con años de experiencia en México se quejaba, "las nuevas personas que están llegando a México siguen haciendo los mismos errores que nosotros hicimos hace 20 años cuando por primera vez llegamos a este país. ¿Por qué no podemos aprender de nuestras experiencias en relaciones humanas de la misma manera que esperamos hacerlo en otros aspectos de nuestras operaciones? Debe existir una manera mejor".

Un amigo mexicano daba una nota más optimística. "Las cosas, como aprender a llevarse bien uno con el otro toman tiempo", él decía, "y afortunadamente el tiempo es uno de los recursos que México siempre ha tenido en demasía en contraste con lo que ustedes tienen en los EE.UU. Hemos tenido nuestros problemas en el pasado y no cabe duda que los tendremos en el futuro. Sin embargo, quizás tendremos menos problemas si usamos algo de este tiempo para tratar en realidad de entendernos uno al otro ahora mismo. En México, mi amigo, *ahora* es siempre el mejor de los tiempos".

14

Algunos Consejos Prácticos

Cualquiera que sean sus intenciones al ir a México, usted aprenderá más, disfrutará más y contribuirá más si está constantemente alerta a las diferencias culturales anteriormente descritas, y si recuerda hacer lo siguiente:

Encuentre Su Antídoto del Choque Cultural

Una de las manifestaciones más pertinentes al "choque cultural" es el encerrarse dentro de su mundo interno, ya sea evitando el contacto con otros o a través de una de las rutas familiares de escape tales como el excesivo abuso del sueño o del alcohol. Una forma excelente de contrarrestar cualquiera de semejantes inclinaciones y llegar también a

entender mejor a México es por medio de la búsqueda
activa de algún interés especial. La historia, el arte, las
artesanías, el servicio de voluntario, la enseñanza del Inglés,
la arquitectura, el estudio de la lengua...la lista de posibles
intereses que pueden perseguirse con gusto en México—y
en buena compañía—es casi ilimitada.

Explore la Cultura Pop

Entérese de quienes son los actores populares, las actrices,
los cantantes, los toreros, y otros en el México de hoy. En
ocasiones, usted puede mejorar su situación con sólo
tararear una tonada popular mexicana o comentando los
chismes del mundo del espectáculo mexicano en lugar de
recitar las estadísticas de la producción de petróleo. Lo
que es más, sus "investigaciones" le ayudarán a encontrar
el México "real" de los chistes y modismos y algunos de los
estados de ánimo del país. También mantenga sus oídos
atentos a los chistes políticos a los que los mexicanos son
muy afectos y adeptos. Sea diplomático al demostrar su
entendimiento, pero no deje de aprender como apreciar
sus chistes.

Ponga Atención a los Pequeños Detalles—Significan Mucho

Como sucede con los enamorados, así también para las
personas de diferentes culturas los gestos extras de
consideración y cuidado, la predisposición de tomarse el
tiempo de charlar al saludar o al despedirse, sí cuentan . Y
en México, dichos detalles cuentan mucho más de lo que
usualmente se toman en cuenta en los Estados Unidos.

Conserve Su Salud—Y Que Quede Entre Usted.

Las enfermedades intestinales se conocen por muchos nombres—El Paso Doble Azteca, la Venganza de Moctezuma, o simplemente los trotes—pero la incomodidad es la misma y nada divertida en el momento. Tres reglas cardinales: (1) Tome las precauciones razonables en su casa y en la calle para los alimentos que coma y su preparación; (2) No se vuelva neurótico de la regla uno: el temor a caer enfermo probablemente causa más enfermedades que los mismos gérmenes en los que semejante miedo se encuentra basado; y (3) No se queje con sus amigos mexicanos—como hiciera el Presidente Carter—acerca de sus temores o problemas.

La buena nueva es que la comida mexicana puede ser tan elaborada como cualquier platillo de la cocina francesa (en realidad, la comida mexicana ha sido sumamente influenciada por la cocina francesa, más obviamente en la repostería, la cual fue desarrollada por los franceses) o muy sencilla, aterradoramente picante (usualmente las salsas) o sumamente ligera y refrescante. La real comida mexicana casi ni se parece a la que las cadenas de restoranes de comida rápida mexicana empezaron a vender en los Estados Unidos.

¡Vista Apropiadamente!

La ciudad de México es mas "arreglada" que la mayoría de las grandes ciudades de los Estados Unidos. Piense en ello cuando esté planeando la ropa que llevará a México. También, sea realista respecto al clima. A una altitud de milla y media, la ciudad de México tiene muchas mañanas congelantes de invierno y las noches pueden ser muy

frías. También, préstele atención especial a la ropa de lluvia.
Las lluvias de verano aunque breves, pueden ser
impresionantes.

Usted puede comprar ropa de calidad en México,
incluyendo ya sea hecha a la medida o lista-para-ponerse,
aunque mucha gente encuentra que la ropa lista-para-
ponerse no les queda bien. La ropa, como la mayoría de
las otras cosas enviadas a México de los Estados Unidos,
puede que no llegue siempre en la forma esperada. (Esa
corbata de poliester arrugada que su querida tía no le
mandó, podía ser probablemente el resultado de un
intercambio por un inspector de aduanas con la que
realmente ella había enviado). Los derechos aduanales de
lo que llegue pueden ser altos. Haga sus planes por
anticipado.

Diga "¡Aeh!"

Cuando nosotros, aeh, no sabemos que, aeh, decir,
nosotros, aeh, usamos el sonido más frecuente del idioma
Inglés. El sonido "aeh" como en las palabras "the" y "a," es
el sonido que producimos para la mayoría de las vocales
no acentuadas en inglés. Los lingüistas nombran a dicho
sonido la "schwa". Pero, tan común como "aeh" es en inglés,
en español este es el sonido que nunca aparece, excepto
cuando se habla con un acento gringo.

El ser cuidadoso al decir "tor-tee'yah" y no "tor-tee-yaeh"
no le garantizará el ganarse más amigos o influencias con
la gente en México, pero le producirá mucho más de lo
que usted puede imaginarse.

Conozca el Origen de la Palabra "*Gringo*"

Existe un folklore considerable acerca del origen de la palabra "gringo", en lo que se refiere a "yanqui". Ambas palabras deberán usarse con cierta precaución y de alguna manera con más buen humor. Como términos informales o de "slang" pueden implicar familiaridad o rebeldía, o algo parecido. Las palabras "México", o "mexicano/a" no ofrecen problema especial alguno, aunque "México" es más probable que signifique la ciudad y no el país, así que fíjese en el contexto.

Recuerde "*Los Indios*" son Mexicanos.

Los visitantes de México frecuentemente se confunden con las distinciones entre "indios", "mestizos" y "mexicanos". Tenga presente que tales distinciones están culturalmente basadas, no biológicamente.

A una persona usualmente se le clasifica como "indio" en virtud del lenguaje, vestimenta, u otros hábitos, no por las características físicas que los americanos probablemente buscarían. Inclusive los empadronadores del censo, distinguen a los indios basándose en actitudes tales como andar descalzos en lugar de usar zapatos, o de comer con las manos en lugar de usar cubiertos.

Desde la época de la Revolución, los indios han sido enaltecidos en las artes, la literatura, y simbólicamente, al menos, en la política. Las divisiones culturales permanecen, sin embargo, entre la vida rural y urbana y entre las formas tradicionales y contemporáneas. Como quiera que sea, la gente de México son "mexicanos" primero y antes que nada, con diferencias étnicas e inclusive regionales de menor importancia. En cualquier caso, las personas de

México son mexicanos primero y más que nada, por lo menos en relación con los estadounidenses. Sin embargo, las identificaciones regionales y lealtades son a menudo las bases del orgullo y la identificación. En ocasiones, los nombres de la familia y las apariencias físicas se identificarán con una región, por lo menos tanto como lo hacen un dialecto, comidas, y otras características que se encuentran en los EE.UU. y en otros países a través del mundo.

Recuerde los Mexicanos son Americanos.

Si es que hay una Norte América, una Centro América y una Sud América—y también, alguién ha dicho, una Meso América de la que México es la mayor parte—¿Por qué es que las palabras "América" y "Americano" son usualmente usadas solamente para referirse a Estados Unidos de Norteamérica? Algunos mexicanos se oponen a semejante monopolio semántico, mientras que otros le prestan poca atención. Sin embargo, usted pasará como más diplomático y sensitivo si se refiere a sí mismo como a un "Norteamericano/a" ("North American"). Y aunque usted trate de ser más específico o con una palabra como "United States-an" que en inglés no funciona, usted verá su equivalente "estadounidense" en las historias de noticias mexicanas. El español también tiene la conveniencia de repetir las letras en las abreviaturas escritas de plurales, y así "EE.UU." significa "U.S.", lo que será útil cuando escriba usted cartas para los Estados Unidos.

Observe la Revolución

En los reportes noticiosos de América Latina, las "revoluciones" parecen ser tan frecuentes como los terremotos. De hecho, el número de revoluciones reales donde el orden social fue trastornado, en contraste con el mero cambio de guardia presidencial, quizás llegue solamente a dos. Una fue en Cuba, cuando Castro subió al poder; la otra fue la Revolución Mexicana. Duró cerca de una década, cuando otros países estaban más preocupados con una guerra en Europa (La primera guerra mundial), la Revolución Bolchevique (a la que precedió por lo menos en seis años) y los cambios tecnológicos en electrónica y transportación (los cuales hemos dado en llamar "revolucionarios").

La destrucción de vidas y propiedades fue mucho mayor que la de nuestra guerra civil que todavía se clasifica como la más costosa de las guerras estadounidenses en términos de vidas perdidas. Dado todo esto y viendo como la Revolución fué una parte de este siglo, no puede uno sorprenderse de que la Revolución sea tan significativa en México. Pero para conocerla verdaderamente, pase un buen tiempo entre los murales creados por los más grandes artistas mexicanos que intentaron demostrar tanto el pasado y el futuro a través de sus figuras a una población en su mayoría analfabeta. El último de los grandes muralistas revolucionarios murió hace sólo unos cuantos años. También tanto en nombre como en el aspecto atractivo, el partido político dominante en México se identifica con la Revolución.

¡Lea!

Los estadounidenses en México frecuentemente omiten algunos de los materiales más útiles de lectura porque se limitan ya sea a publicaciones estadounidenses o a publicaciones dirigidas a las poblaciones expatriadas y de turistas en México.

En años recientes, muchas novelas mexicanas, libros de ensayos y colecciones de poesía se han traducido al inglés. La lectura de algunos de estos trabajos ofrece al lector visiones de los apectos de la cultura y en ocasiones, aún mas importante, permite a los estadounidenses el discutir con sus amigos mexicanos los méritos y futuro del escritor mexicano.

Lectura Recomendadas

Howard Cline, *The United States and Mexico.* **(Cambridge, Massachusetts: Harvard University Press, 1973).** Un libro extremadamente útil y fácil de leer acerca de la historia mexicana, la economía y cultura con énfasis en las relaciones con los Estados Unidos a través de los años.

John Condon and Fathi Yousef, *An Introduction to Intercultural Communication.* **(Indianapolis, Indiana: Bobbs-Merrill, 1975).** Una introducción comprensiva a los problemas y posibilidades inherentes en la comunicación interpersonal entre gentes de diferentes culturas.

Flavia Derossi, *The Mexican Entrepreneur.* **(Paris: Organization for Economic Co-operation and Development, n.d.).** Una investigación y análisis completos de los negocios mexicanos incluyendo mucho de lo relacionado con la dimensión cultural. No precisamente una lectura de cabecera pero sí útil y provocativa.

Rogelio Díaz-Guerrero, *Estudios de Psicología del Mexicano.* **(México, D. F.: Antigua Librería Robredo, 1961; en traducción como** *Studies in the Psychology of the Mexican).* Un libro lleno de perspicacia y atractivo escrito por el jefe del Departamento de Sicología de la UNAM. Los tópicos incluyen las motivaciones del trabajador mexicano y la presentación original del autor sobre "las realidades interpersonales" del mexicano.

Carlos Fuentes, *Where the Air is Clear (La región más transparente).* **(New York: McDowell, 1960).** Esta fue la primera novela de un escritor contemporáneo que es conocido probablemente como el mejor novelista en México hoy.

Edward T. Hall, *Beyond Culture,* **(Garden City, New York: Anchor Press, 1976).** Uno de los escritores con más influencia en las relaciones interculturales. Hall explica en este libro porque la gente necesita la experiencia de otras culturas para aprender. El cree que las culturas se necesitan unas a otras para subsistir.

Alison Lanier, *Update: Mexico* **(Yarmouth, Maine: Intercultural Press, 1980).** El volumen acompañante a este *InterAct,* el *Update* ofrece una riqueza de información específica en las circunstancias de día a día que todos los que viajan a México necesitan conocer.

Oscar Lewis, *Five Families: Mexican Case Studies in the Culture of Poverty.* **(New York: Basic Books, 1959).** Un antropólogo de hace unas generaciones, Lewis, empezó una serie de libros sobre las vidas diarias de los mexicanos, libros que incluyen algunos de los "bestsellers" en los EE.UU. Aunque a sus documentales les falta consistentemente el placer y la agudeza que es parte de la vida mexicana, aún en la pobreza, este libro y otros proveen algún vistazo franco hacia el más íntimo de los mundos de los mexicanos.

Octavio Paz. *The Labyrinth of Solitude: Life and Thought in Mexico* **(New York: Grove Press, 1961).** Un libro clásico escrito por una clase de hombre del Renacimiento moderno—diplomático, poeta, filósofo. Probablemente el libro que aquéllos que aman a México recomiendan más seguido a sus amigos y en especial un libro que provoca muchas amenas discusiones entre los mexicanos.

Samuel Ramos, *El Perfil de Hombre y la Cultura en México* **(Buenos Aires: Hapasa-Calpe Argentina, S.A., 1952) en traducción como** *Profile of Man and Culture in Mexico.* **Austin, Texas: University of Texas Press, 1962).** Descrito previamente como el libro que ha sido usado en las interpretaciones psico-culturales del mexicano por casi un medio siglo. Todavía vale la pena leer el libro de Ramos como un punto de referencia.

Frances Toor, *A Treasury of Mexican Folkways.* **(New York: Crown, 1957).** Después de 25 años es todavía un rico depósito de folklore, juegos y cantos de niños, poesía y leyenda.

James Wilkie, ed., *Contemporary Mexico.* (Berkeley, California: University of California Press, 1976). Una colección excelente de artículos sobre México.

Fiestas in Mexico; *A Complete Guide to Celebrations Throughout the Country.* (**Mexico: Ediciones Lara, 1978**). Una guía comprensiva y de los más atrayente sobre las fiestas mayores, arreglado estado por estado. No hay manera más jubilosa de encontrar a México que a través de una fiesta y este libro proporciona las mejores inclusiones en inglés.